Daniela Hammer-Tugendhat, Christina Lutter (Hg.)
Emotionen

ZfK – Zeitschrift für Kulturwissenschaften
Hg. von Thomas Hauschild und Lutz Musner | 2/2010

Zeitschrift für Kulturwissenschaften – die Redaktionen

Kontaktadresse für Manuskripte:

Thomas Hauschild: thomas.hauschild@ethnologie.uni-halle.de
Lutz Musner: musner@ifk.ac.at

Daniela Hammer-Tugendhat, Christina Lutter (Hg.)

Emotionen

[transcript] ZfK – Zeitschrift für Kulturwissenschaften 2/2010

Die *Zeitschrift für Kulturwissenschaften* erscheint zweimal jährlich und kostet 8,50 €. Wir senden Ihnen Ihr Exemplar gerne portofrei zu.

So abonnieren Sie die *Zeitschrift für Kulturwissenschaften*:
bestellung.zfk@transcript-verlag.de

Selbstverständlich ist die *Zeitschrift für Kulturwissenschaften* auch über jede Buchhandlung erhältlich und kann dort ebenfalls abonniert werden.

Bibliografische Information der Deutschen Nationalbibliothek
Die Deutsche Nationalbibliothek verzeichnet diese Publikation in der Deutschen Nationalbibliografie; detaillierte bibliografische Daten sind im Internet über http://dnb.d-nb.de abrufbar.

Umschlaggestaltung: Kordula Röckenhaus, Bielefeld
Umschlagabbildung: Matthias Hammer, 3 Jahre (1983)
Lektorat & Satz: Mag.[a] Else Rieger
Druck: Majuskel Medienproduktion GmbH, Wetzlar
ISSN 9783-9331
ISBN 978-3-8376-1578-4

Gedruckt auf alterungsbeständigem Papier mit chlorfrei gebleichtem Zellstoff.

Besuchen Sie uns im Internet: *http://www.transcript-verlag.de*

Bitte fordern Sie unser Gesamtverzeichnis und andere Broschüren an unter: *info@transcript-verlag.de*

Inhalt

Emotionen im Kontext. Eine Einleitung

DANIELA HAMMER-TUGENDHAT/CHRISTINA LUTTER

Seit geraumer Zeit erleben wir einen »Affektboom«, der weite Bereiche des medial-öffentlichen und verschiedene Felder des wissenschaftlichen Diskurses erfasst hat. Eindrucksvolle Beispiele für Umfang und fachliche Reichweite wissenschaftlicher Großprojekte im deutschsprachigen Raum sind etwa der Exzellenzcluster an der Freien Universität Berlin *Languages of Emotion* oder das *Center for the History of Emotions* am Max-Planck-Institut für Bildungsforschung in Berlin.[1] Die Technologien der Neuen Medien scheinen nicht nur die Kommunikation, sondern auch das affektive Leben der Individuen verändert zu haben. Angesichts von Manipulations- und Überwältigungsstrategien in vielen Medien und insbesondere in der affektiven Inszenierung von Politik wird die Notwendigkeit einer kritischen Reflexion der aktuellen Affekteuphorie besonders dringlich. Der Affektdiskurs wird wesentlich durch die Forschungen der Kognitions- und Neurowissenschaften, besonders der Neuropsychologie und der Neurobiologie (Damasio u.a.) bestimmt. Da die Biowissenschaften zu einer Art Leitwissenschaft geworden sind, scheint uns gerade auch eine verstärkte Auseinandersetzung mit dem Thema seitens der Kulturwissenschaften unerlässlich. Die kontrovers geführte Diskussion zu Affekten ist so unübersichtlich und heterogen wie die involvierten Wissenschaftsfelder und -disziplinen. Sie berührt mehrere, durchaus unterschiedliche Problemfelder, die durch Fragen nach dem Verhältnis von Physis und Psyche, von Sprache und der Möglichkeit vorsprachlicher Erfahrung, von Emotion und Kognition, von anthropologischer Universalität und kultureller Bedingtheit, um nur einige zu nennen, abgesteckt werden.

1 http://www.languages-of-emotion.de; http://www.mpib-berlin.mpg.de/en/forschung/gg/index.htm.

In der Frage des Verhältnisses von Rationalität und Emotionalität können die Erkenntnisse der Neurobiologie für die Geistes- und Kulturwissenschaften produktiv gemacht werden. Die moderne Neurobiologie hat bekanntlich die enge Verbindung von Kognition und Emotion im menschlichen Gehirn festgestellt. Die Geisteswissenschaften haben demgegenüber, insbesondere im Laufe des 20. Jahrhunderts, Emotionen dezidiert als subjektive Störungselemente aus Erkenntnisprozessen ausgegrenzt. Dies ist höchst aufschlussreich, sowohl für ein westliches Wissenschaftsverständnis wie für den Umgang mit Affekten, insbesondere, wenn man bedenkt, dass diese Trennung weder in der Antike, etwa bei Aristoteles, noch in der Frühmoderne, beispielsweise bei Descartes (den man meist falsch zitiert), oder im 18. Jahrhundert gezogen worden ist. Emotion wurde in der Moderne auch in jenen Wissenschaften oft ausgeblendet, deren Untersuchungsobjekte explizit Emotionen repräsentieren beziehungsweise diese evozieren wie die Literatur-, Kunst-, Musik- oder Filmwissenschaften. In der Kunstgeschichte beispielsweise haben alle wirkungsmächtigen Methoden, die sich im Laufe des 20. Jahrhunderts durchgesetzt haben, bei aller Unterschiedlichkeit den Bereich der Emotion radikal negiert: die Ikonologie (das Erbe Warburgs missachtend), die Formanalyse seit Wölfflin, die Sozialgeschichte (Freedberg 2008: 23). Literatur-, Kunst- und Medienwissenschaften, welche die Emotionen in ihre Analysen einbeziehen, können nun (ironischerweise) gegenüber einer großteils immer noch »emotionsresistenten« Wissenschaft und Ästhetik getrost auf die Neurobiologie verweisen.

Seit dem ausgehenden 18. Jahrhundert wurde die Dichotomie Ratio versus Emotion zunehmend geschlechtsspezifisch codiert und hierarchisiert. Die disziplinenübergreifende Geschlechterforschung hat dementsprechend im Zuge einer Öffnung zu Inter- und Transdisziplinarität besonders dazu beigetragen, dass sich nun auch kulturwissenschaftliche Disziplinen mit Emotionen befassen (Flick/ Hornung 2009).

Kontrovers wird dabei besonders die Frage kultureller Bedingtheit von Emotionen diskutiert: Sind sie anthropologische Konstanten, allen Menschen zu allen Zeiten eigen, signalisieren sie gleichsam den basalen Kern des Menschen, der uns alle verbindet? Aktuelle Theorien legen dies mit Berufung auf die Neurowissenschaften nahe (für eine Kritik siehe z.B. Angerer 2007). Demgegenüber vertreten wir als KulturwissenschaftlerInnen, dass Emotionen grundsätzlich immer auch kulturbedingt sind, abhängig vom Normen- und Wertesystem einer Gesellschaft, historisch und geografisch unterschiedlich, aber auch gender- und schichtenspezifisch differenziert. Scham beispielsweise ist mitnichten eine anthropologische Konstante: Die Gründe, weshalb ich mich in welchen Situationen schämen soll, variieren je nach kultureller Rahmung und deren Ausdifferenzierung in verschiedenen gesellschaftlichen Feldern. Wer entscheidet, welche Emotionen für wen in welchen Situationen akzeptabel und ausdrückbar sind? Dieselbe Emotion, etwa Stolz, kann in derselben Sozietät unterschiedlich gewertet werden: In europäischen mittelalterlichen Gesellschaften kann Stolz im Sinn von »Ehre« positiv oder im Rahmen christlicher Moralvorstellungen als »Hochmut«

negativ sowie milieu-, geschlechts- oder schichtspezifisch unterschiedlich gewertet werden. Das jeweilige Normensystem und die kulturellen Muster und Konventionen »emotionaler Gemeinschaften« wirken dabei zurück auf die individuelle Erlebnisweise (Rosenwein 2006; Lutter 2010). Denn auch subjektive Erfahrungen sind nicht »authentisch«, sondern kulturell geformt (Scott 1991). Es stellt sich daher die Frage, wie sinnvoll es überhaupt ist, »primäre« von »sekundären« Emotionen zu scheiden, also Erstere als genetisch, biologisch bestimmt, Letztere als kulturell codierte Emotionen, denen immer ein hoher Deutungsanteil inhärent ist. Denn zum einen reduziert ein derartiger Zugang »Biologie« auf einige wenige Aspekte ihrer komplexen Erscheinungsformen. Zum anderen ist zu fragen, inwieweit nicht auch körperliche Sensationen durch jeweils kulturelle Deutungen verändert werden: Derselbe Schmerz bewusst und vorbereitet als Geburtsschmerz wahrgenommen, »fühlt« sich anders an, als ginge die betroffene Person in Unkenntnis ursächlicher Zusammenhänge von einer tödlichen Krankheit aus.

Gegenwärtig ist, theoretisch legitimiert durch so unterschiedliche Autoritäten wie Gilles Deleuze oder VertreterInnen der Biowissenschaften, eine Sehnsucht nach unmittelbarer Erfahrung und einem sprachunabhängigen Wissen über die Wahrheit des Affekts zu beobachten (Angerer 2007). Der Vorstellung sprachunabhängiger Affekte sei entgegengehalten, dass Emotionen immer nur über Sprache und andere Formen kultureller Repräsentationen ausdrückbar und vermittelbar sind, wie sie ihrerseits durch Sprache und Repräsentationen (Codes) geformt werden. Als (Kultur-)WissenschaftlerInnen haben wir es daher immer mit Repräsentationen zu tun, seien sie sprachlich, visuell oder akustisch, seien sie gegenwärtig oder historisch. Emotionen sind immer nur näherungsweise bzw. »übersetzt« zugänglich und können nicht von ihrer kulturell geformten Vermittlung abgelöst werden. Die Prozesse, in denen Bedeutungen geschaffen werden, sind ebenso integraler Bestandteil dessen, was »Emotionen« sind, wie die Bedeutungen selbst.

Emotionen sind somit ein genuin kulturwissenschaftliches Thema: an der Grenze zwischen kultureller Bedingtheit und Anthropologie, an der Grenze zwischen Physis und Psyche, an der Schnittstelle zwischen den Disziplinen. Gerade angesichts der oft problematischen Vereinfachung (in) der Vielfalt geht es uns um eine kulturwissenschaftliche Annäherung an das Thema, die wir explizit als historisch kontextualisierend verstehen. Ziel dieses Heftes ist daher die Auseinandersetzung mit den kulturwissenschaftlichen Möglichkeiten, »Emotionen« zu kontextualisieren und zu historisieren. Unterschiedliches Quellenmaterial lässt sich daraufhin befragen, wie Emotionen Ausdruck verliehen wird und wie die Weisen, Emotionen zu empfinden, eingeübt werden. Hier geht es also um kulturelle Modelle und Muster, die nicht starr sind, sondern in ihrem sozialen Gebrauch »verkörpert«, aber auch gestaltet und verändert werden und die damit ihrerseits beeinflussen, was und *wie* wahrgenommen und empfunden wird. Unser Frageinteresse gilt daher weniger dem Verhältnis von Emotion und Vernunft oder dem Verhältnis von Körper und Psyche etc., sondern den Bedingungen und

Modi, unter denen bzw. mittels derer diese Beziehungen in unterschiedlichen Epochen, Orten, Kulturen und Disziplinen geschaffen und interpretiert wurden.

Der Hauptteil des Heftes wird sich dem Gegenstand demgemäß aus disziplinenübergreifender, jedoch schwerpunktmäßig kulturwissenschaftlicher Perspektive widmen. Eine solche Annäherung kann selbstverständlich nur exemplarisch erfolgen. Dies gilt umso mehr, als die Beschäftigung mit dem Thema trotz seiner aktuellen Sichtbarkeit auch in den Kulturwissenschaften zumindest bis in die 1980er Jahre zurückreicht (vgl. z.B. Luhmann) und in den vergangenen Jahren nahezu jede einzelne auch nur der kulturwissenschaftlichen Disziplinen ganze Kompendien an diesbezüglicher Forschungsliteratur hervorgebracht hat. Dazu kommt eine Fülle neuer fachspezifischer und fachübergreifender Publikationsorgane, wie etwa das seit 2009 bestehende interdisziplinäre Journal *Emotion Review*[2]. Dennoch scheint eine umfassende Konzeptionalisierung dessen, was »Emotionen« sind, bzw. welche Bedeutung ihnen für das menschliche (Er-)Leben zukommt, im Vergleich mit anderen sozialen und analytischen Kategorien in den meisten Fächern noch am Beginn zu stehen.

Das beginnt schon bei den Begriffen. Auch hier herrscht eine verwirrende Unübersichtlichkeit auf verschiedenen Ebenen: Affekt, Emotion, Leidenschaft, Gefühl werden unterschiedlich semantisiert, nicht nur in den verschiedenen wissenschaftlichen Disziplinen, sondern auch in den unterschiedlichen Sprachen, nochmals differenziert in je spezifische Alltags- und Fachdiskurse. Hier kann eine historische Herangehensweise hilfreich sein, um etwa zu zeigen, dass der Begriff Affekt ursprünglich die lateinische Übersetzung des griechischen *pathé* (Sg. *pathos*) bedeutet und bis in die Frühe Neuzeit immer parallel zu *passiones* im Sinn von Leidenschaften oder Gemütsbewegungen gebraucht und anders als heute semantisiert worden ist. Das deutsche Wort Gefühl hingegen ist rezent und erst ab dem 18. Jahrhundert gebräuchlich. Nun werden aber Emotionen eben auch in unterschiedlichen Sprachen verschieden bezeichnet beziehungsweise zwischen ihnen unterschiedlich übersetzt. Allein Damasios Begriffe *emotions* und *feelings* wurden in den deutschen Übersetzungen seiner frühen Schriften (Damasio 1994) mit Gefühl und Empfindung und später (Damasio 1999) mit Emotion und Gefühl wiedergegeben, sodass nun derselbe deutsche Begriff Gefühl eine jeweils andere Entsprechung im englischen Original hat (Weigel 2004:150). Begriffe sind bedeutungsgesättigt und müssen daher auf ihre jeweilige Genese hin befragt werden. Unsere Fragestellung lautet daher nicht: Was sind Emotionen im Unterschied zu Affekten und Gefühlen, sondern was bedeuten diese Begriffe in einem bestimmten zeit-räumlichen, sprachlichen und sozio-kulturellen Kontext, und wie und warum haben sich die Bedeutungen desselben Begriffs verändert? Wir benutzen dabei die Begriffe Emotionen und Affekte als offene »Arbeitsbehelfe« – Ersteren, weil er sich in verschiedenen Wissensdiskursen unterschiedlicher Sprachen etabliert hat und daher als Übersetzungswerkzeug

2 http://emr.sagepub.com/content/vol1/issue1/.

am besten geeignet erscheint; Letzteren, weil er in historischen Quellen des europäischen Sprachraumes seit der Antike die größte Rolle spielt.

Was fehlt, und was auch dieses Heft nicht leisten kann, ist eine Geschichte der Diskurse und Repräsentationen von Emotionen. Gemeint ist keine »Psychohistorie«, denn was Menschen in vergangenen Zeiten tatsächlich gefühlt haben, entzieht sich unserem direkten Zugang ebenso wie das, was sie heute »wirklich« bewegt. Erforschen aber können wir, wie sich die Vorstellungen von Emotionen, ihre Bewertungen, die Konzepte über den Zusammenhang von Körper und Psyche und deren Begründungen verändert haben. Der Umgang mit Emotionen ist nicht zuletzt prägend für das Selbstverständnis einer Kultur: Bejahung, Moralisierung, Disziplinierung, radikale Abwertung oder analytische Ergründung. Es ist beispielsweise aufschlussreich zu wissen, dass es bereits in der Antike unterschiedliche Konzepte und Wertungen der Affekte gab. Der skeptischen Abwertung von Platon und der Stoa stand Aristoteles gegenüber. Ausgehend von Platon und der Stoa wurden Affekte in der christlichen Theologie weitgehend moralisiert. Basale Emotionen/Triebe wurden zu Todsünden erklärt wie etwa *accidia* (Trägheit) und ihre Nähe zur Melancholie oder *luxuria* (Wollust), ursprünglich sogar die Furcht, da sie von mangelndem Gottesglauben zeugte. Allein wäh-rend des europäischen Mittelalters lässt sich raum-, zeit- und milieuspezifisch eine Vielfalt an unterschiedlichen emotionalen Kulturen beobachten (Rosenwein 2006). In den dominanten wissenschaftlichen Diskursen des 17. Jahrhunderts gewinnt allmählich die Philosophie gegenüber der Theologie die Deutungshoheit, und mit Personen wie Descartes, Spinoza, Malbranche, Hobbes u.a. geht es nun um ein Affekt-Wissen, um eine Analyse der Emotionen (Campe 1990; James 2003). Erst im 18. Jahrhundert wird infolge der Spaltung von Körper und Seele das Wort Gefühl (*sensibilité*) und damit ein neues Gefühls-Dispositiv »erfunden« und gegen die (ungezügelten) Leidenschaften abgesetzt (Weigel 2004; Scheer 2001). Wie so oft, ermöglicht der Blick in die Geschichte eine distanziertere Reflexion der eigenen Gegenwart und der Frage nach unserem aktuellen Zugang zum Feld der Emotionen.

Eines der Postulate der Kulturwissenschaften ist eine inter- und transdisziplinäre Perspektive. Allein der Wechsel der Zuständigkeit bezüglich der Definitionsmacht über die Emotionen ist aufschlussreich: Waren die Leitwissenschaften in der europäischen Geschichte lange Zeit Philosophie, Rhetorik, Theologie und Medizin, sind es heute die Psychologie und allen voran die Neurowissenschaften. Inter- und Transdisziplinariät genügen aber nicht. Notwendig ist eine Reflexion über die Diskursmuster, das *framing* der jeweiligen Disziplin. Die topoi, von wo aus, von welchen Disziplinen oder Feldern über Emotionen gesprochen wird, sind von zentraler Bedeutung und bislang in ihren Interaktionen wenig untersucht. Es ist einleuchtend, dass ein theologischer, philosophischer oder ästhetischer Diskurs über Affekte diesen gegenüber ganz anders, nämlich normativ, disziplinierend und oft auch moralisierend eingestellt ist im Unterschied zu Äußerungen in der Kunst, der Dichtung oder der Musik. In künstlerischen Medien werden Emotionen oft in all ihrer Widersprüchlichkeit, Intensität und Lust performativ aufgeführt bzw. repräsentiert und evoziert und entfernen sich so von den abstrakten ideologischen Konzepten, auf denen sie basieren (Bachorski 1991; Hammer-Tugendhat 2009). Die Forschung, auch zur Literatur und Kunst, neigt jedoch dazu, bei der Einschätzung der Affekte primär von normativen Quellen auszugehen und ästhetische Produkte durch diese zu interpretieren, anstatt das Spektrum an Ambivalenz und Widersprüchen zu registrieren, das sich durch die vielfältigen Artikulationen ergibt.

In der historischen Forschung gilt es, die Vernetzungen unterschiedlicher Quellen, vor allem aber auch die widersprüchlichen Auffassungen von Emotionen zum Thema zu machen, ebenso wie die Bedeutung der Narrativität historischer Quellen wie der Darstellungen für die vielfältigen Konstruktionen von Wirklichkeit. So sind in persönlichen Aufzeichnungen, die keinem literarischen Kanon genügen müssen, trotz des gesellschaftlichen Kontextes alternative Akzente möglich, wie der Beitrag von Nina Verheyen zum Thema Vaterliebe im 19. Jahrhundert zeigt. Aber auch innerhalb eines Mediums, etwa der Literatur, gibt es zeitgleich durchaus eine Variationsbreite bezüglich der Darstellung und damit der Interpretation von Emotionen, wie die Mediävistin Annette Gerok-Reiter am Beispiel von Angst demonstriert. Gerok-Reiter stellt in ihrem Beitrag die methodische Debatte um das Verhältnis von Text und Kontext zwischen Literatur- und Kulturwissenschaft prinzipiell zur Diskussion. Ausgerechnet bei der Fotografie kann gezeigt werden, dass sie mitnichten ein neutrales mimetisches Medium ist, sondern eine Evokation von Affekten und in der Folge deren Regulierung mit weitreichenden Konsequenzen bewirkt. Das Material von Katharina Sykora ist in jeder Hinsicht extrem: Es handelt sich um Fotografien, die auf sehr unterschiedliche Weise Tote repräsentieren. Obwohl somit keine Emotionen repräsentiert werden (Tote haben keine Gefühle), generieren die Bilder heftige Affekte. Die Auslösung von Emotionen ist vielleicht in wenigen Medien so stark wie in der Musik. Trotz der eminenten Bedeutung von Musik in der europäischen Kultur ist dieses Medium selten Thema innerhalb der fachübergreifenden Kulturwissenschaften. Jan Assmann zeigt in seinem Beitrag, dass und wie die Barockoper (insbesondere Händel) zu dem »Emotions-Medium« par excellence geworden ist und dies in mimetischer, expressiver und generativer Weise. Diese Verbindung von Musik, Sprache und szenischer Aktion verbindet die Oper mit dem Film, der gegenwärtig ebenfalls als eines der affektintensivsten Medien gelten kann. Entgegen aktuellen Vorwürfen und Verkennungen zeigt schließlich Marie-Luise Angerer, dass es kaum eine andere Disziplin gibt, die sich wissenschaftlich so intensiv und differenziert mit Affekten auseinandersetzt wie die Psychoanalyse. Freud und Lacan taten dies allerdings in der Erkenntnis, dass Affekte sich nie unmittelbar zeigen, sondern nur in Verdrängungen und Verschiebungen repräsentiert sind.

Um die Frage nach der Möglichkeit der (Un-)Mittelbarkeit von Affekten geht es auch in der prinzipiellen Auseinandersetzung mit den Arbeits- und Darstellungsweisen der sogenannten »Naturwissenschaften«. Aufgrund der Komplexität des Themas »Emotionen« an der Schnittstelle zwischen unterschiedlichen wissenschaftlichen Disziplinen soll der Debattenteil für die Zugänge und Perspektiven Letzterer und eine Diskussion mit KulturwissenschafterInnen geöffnet werden. Hier soll nicht zuletzt darüber diskutiert werden, ob und wie die Dichotomie der scheinbar so unterschiedlichen »Wissenschaftskulturen« produktiv in Frage gestellt werden kann und welche Möglichkeiten eines Dialogs über die Fachgrenzen hinweg sich daraus ergeben könnten. Haben die »Naturwissenschaften« einen direkteren Zugang zu einer physischen oder psychischen Wirklichkeit? Können sie Emotionen besser fassen, messen und darstellen? Einen Versuch einer Auseinandersetzung mit diesen komplexen Fragen möchte das Heft wieder anhand eines konkretes Fallbeispiels zum Thema »Halluzinogene« bieten, das von mehreren Wissenschaftlern zwischen Neurowissenschaften, Psychopharmakologie, Wissenschaftsgeschichte und Sprachwissenschaften teilweise kontroversiell debattiert wird. Deutlich wird dabei vor allem, dass es im Rahmen heterogener naturwissenschaftlicher Zugangsweisen ebenfalls immer um die Kontextualisierung ganz bestimmter zu untersuchender Phänomene geht und diese ebenso wie ihre Ergebnisse – wie in den Kulturwissenschaften auch – von der Fragestellung ebenso wie von den konkreten Forschungsinteressen, das heißt vom historischen Ort der Wissenssubjekte und -objekte, (mit) abhängig sind.

Literatur

Angerer, Marie-Luise (2007): *Vom Begehren nach dem Affekt.* Zürich/Berlin: Diaphanes.

Bachorski, Hans-Jürgen (1991): Diskursfeld Ehe. Schreibweisen und thematische Setzungen. In: ders. (Hg.): *Ordnung und Lust. Bilder von Liebe, Ehe und Sexualität in Spätmittelalter und Früher Neuzeit.* Trier: Wiss. Verlag, 512-545.

Campe, Rüdiger (1990): *Affekt und Ausdruck. Zur Umwandlung der literarischen Rede im 17. und 18. Jahrhundert.* Tübingen: Niemeyer.

Damasio, Antonio R. (1994): *Descartes' Error. Emotion, Reason and the Human Brain.* New York: Putnam.

Damasio, Antonio R. (1999): *The Feeling of What Happens. Body and Emotion in the Making of Consciousness.* New York: Harcourt Brace (dt. (2000): *Ich fühle, also bin ich.* München: List).

Flick, Sabine und Annabelle Hornung (Hg.) (2009): *Emotionen in Geschlechterverhältnissen. Affektregulierung und Gefühlsinszenierung im historischen Wandel.* Bielefeld: transcript.

Freedberg, David (2008): Empathy, Motion and Emotion. In: Herding, Klaus und Antje Krause-Wahl (Hg.): *Wie sich Gefühle Ausdruck verschaffen. Emotionen in Nahsicht.* Taunusstein: Driesen, 17-51.

Hammer-Tugendhat, Daniela (2009): Affekt/Emotion/Imagination. In: dies.: *Das Sichtbare und das Unsichtbare. Zur holländischen Malerei des 17. Jahrhunderts.* Köln/Weimar/Wien: Böhlau, 259-299.

James, Susan (2003): *Passion and Action. The Emotions in Seventeenth-Century Philosophy*. Oxford: Clarendon Press.

Lutter, Christina (2010): *Zwischen Hof und Kloster. Kulturelle Gemeinschaften im mittelalterlichen Österreich*. Wien: Böhlau.

Rosenwein, Barbara (2006): *Emotional Communities in the Early Middle Ages*. Ithaca: Cornell University Press.

Scheer, Brigitte (2001): Gefühl. In: Barck, Karl-Heinz u. a. (Hg): *Ästhetische Grundbegriffe*, 2. Stuttgart/Weimar: Metzler, 629-660.

Scott, Joan (1991): The Evidence of Experience. In: *Critical Inquiry* 17, 773-797.

Weigel, Sigrid (2004): Pathos – Passion – Gefühl. Schauplätze affekttheoretischer Verhandlungen in Kultur- und Wissenschaftsgeschichte. In: dies:. *Literatur als Voraussetzung der Kulturgeschichte. Schauplätze von Shakespeare bis Benjamin*. München: Fink, 147-172.

angest/vorhte – literarisch. Möglichkeiten und Grenzen der Emotionsforschung zwischen Text und Kontext

ANNETTE GEROK-REITER

I

Der Streit um das Wechselverhältnis von Literaturwissenschaft und Kulturwissenschaft besteht in der Literaturwissenschaft, seitdem die Kulturwissenschaften seit den 1990er Jahren im methodischen Diskurs der Geisteswissenschaften unaufhaltsam das Terrain eroberten. Stein des Anstoßes war und ist dabei – nach dem Verlust der traditionellen Basiselemente literaturwissenschaftlicher Hermeneutik »Autor« und »Werk« – die intrikate Frage nach der Text-Kontext-Relation. So richtet sich die beharrliche Kritik der Literaturwissenschaft darauf, dass das Spezifikum des literarischen Textes, sein ästhetischer Konstruktionscharakter, durch die kulturwissenschaftliche Perspektivierung nivelliert, ja irrelevant zu werden droht: Der literarische Text verkomme zum Kontext.

Diese Auseinandersetzung hat in der germanistischen Mediävistik in jüngster Zeit gerade die dort sehr rege Emotionsforschung eingeholt. Denn Differenzen ergeben sich genau in Hinblick auf die Frage, in welchem Verhältnis Text und Kontext in Bezug auf eine übergreifende Geschichte der Emotionen stehen. Einerseits wird davon ausgegangen, dass die Literatur die kulturell und historisch sich je unterschiedlich herausbildenden Emotionsnormen zur Anschauung bringt, reflektiert, diskutiert, zugleich eigene Emotionsmuster und -funktionen entwirft, die auf die kontextuelle Normendiskussion zurückwirken. Dann aber können die literarischen Inszenierungen von Emotionsphänomenen nur verstanden werden, indem die normativen Vorgaben kultureller Art als Impulse literarischer Textkonstruktionen in die Überlegungen mit einbezogen werden. Von hier aus ist ein methodischer Zugriff geboten, der die kulturwissenschaftliche Öffnung des Fachs zur Profilierung des eigenen Ansatzes nutzt und diskutiert (vgl. Jaeger/Kasten 2003; Ridder 2003; Eming 2006; Koch 2006 und 2008) und in interdisziplinärer Beleuchtung (z.B.: Gerok-Reiter/Obermaier 2007) verfolgt. Gemeinsam ist diesen Ansätzen bei allen Differenzen, literarische Emotionsforschung als Teil einer offenzulegenden Geschichte der Emotionen zu verstehen.

So plausibel dieser Ansatz in prinzipieller Hinsicht erscheint, so ernst zu nehmen ist dennoch der Einwand, dass literarisch entworfene Emotionskonzepte nicht bruchlos mit kulturellen Vorgaben verrechnet und abgeglichen werden können, sondern Sonderbedingungen unterliegen, Sonderräume und Sondernormen entwerfen, deren Kalkül von der literarischen Konstruktion getragen wird und damit nicht unabhängig von ihr gelten kann. Die Überblendung von kulturellem Kontext und literarischem Text würde hier gerade in die Irre führen. Im Resümee: Emotionsforschung von Seiten der Literaturwissenschaft könne deshalb nicht über eine Geschichte der Emotionen Aufschluss bieten, sondern immer nur über eine Geschichte der literarisch konstituierten »Vorstellungen« von Emotionen (Schulz 2006: 472-479, Zitat: 475; Philipowski 2006; vermittelnd: Schnell 2008: 87-102 und 209).

Auf diese Debatte möchte der vorliegende Beitrag Bezug nehmen. Aufgrund des thesenartigen Profils soll der Blick dabei paradigmatisch auf die Inszenierung der Emotion »Angst« begrenzt werden. Beleuchtet werden in historischer Perspektive die Möglichkeiten der Angstdarstellung und -funktionalisierung, die sich bereits in der frühesten deutschsprachigen Romanüberlieferung des 12. Jahrhunderts als zwei divergierende Konzepte abzeichnen. Zugleich bleiben die Ausführungen systematisch auf die Frage fokussiert, was die Methodik, die zur Erschließung der Inszenierungsformen der Angst im Roman des 12. Jahrhunderts angewandt wird, in Bezug auf die Text-Kontext-Relation besagt.

II

Die Erzählung von *König Rother*, verfasst wohl von einem gebildeten Kleriker um 1160/1170 (Ausgabe: Bennewitz/Stein 2000), basiert auf dem Schema der gefährlichen Brautwerbung in der Variante der doppelten Werbungsfahrt. König Rother, ein mächtiger König in Süditalien, zieht aus, um die Tochter Konstantins von Konstantinopel, des skrupellosen christlichen Königs im Osten, der jegliche Werber abweist und töten lässt, zu gewinnen. Nach erfolgreicher erster Fahrt kommt es jedoch zu einer Rückentführung der Braut durch den widerständigen Brautvater. König Rother muss also erneut ausziehen und seine Frau ein zweites Mal Konstantin abgewinnen.

Beide Werbungsfahrten werden mit dem Angstmotiv signifikant korreliert. Die erste Werbungsfahrt gestaltet sich als ebenso ausgedehnte wie versierte Angstinszenierung über 2000 Verse. Dies stellt für die Texte des 12. Jahrhunderts eine ungewöhnliche Dominanz des Angstmotivs dar. Ungewöhnlich insofern, als das Angstmotiv in der Regel – bezogen auf den Protagonisten – keine literarische Dignität erlangt: Nur der furchtlose Held ist eines Berichtes wert. Konsequent geht es denn auch hier um die Angst des Feindes. D.h. nicht der Protagonist erfährt Angst, sondern umgekehrt: Er erzeugt Angst und dies mit zunehmendem Eskalationspotential: Als König Rother in Konstantinopel mit seinen Schiffen landet, schlagen die Riesen, die ihn begleiten und mit schweren Stangen und Eisenkettengeißeln versehen sind, eine Schneise des Schreckens. Die sich vom Hafen bis in die Königsburg ausbreitende Furcht wird plangemäß zum Eintrittsbillet in Konstantins Hof. Die Ratgeber des Königs empfehlen aus nackter Angst um ihr Leben, dem Gesuch König Rothers, der sich als landflüchtiger Dietrich ausgibt, nachzugeben und ihn sowie sein Gefolge im Land aufzunehmen. Die präzise Angstdramaturgie der Gewaltandrohung durch die Riesen unterstützt König Rother alias Dietrich zudem dadurch, dass seine Begleiter sowie er selbst mit größtem Prachtgepränge auftreten: Angstinszenierung und luxuriöse Repräsentation erweisen sich als zwei wohlkalkulierte Seiten derselben Machtdemonstration, die denn auch zum Erfolg führen. Bei der zweiten Fahrt zu Konstantin setzt König Rother jedoch genau gegenteilig an: Er stellt sich nun als armer und gottesfürchtiger Pilger dar, schleicht sich namenlos in die Festgesellschaft des Hofes ein, versteckt sich unter einem Tisch. *in ere des himiliskin koningis* (»um des Ansehens des himmlischen Königs willen«, v. 3934) begibt er sich schließlich freiwillig in Gefangenschaft: Demut im Zeichen der Gottesfurcht bestimmt nun die Handlungsregie.

Diese kontrastierende Inszenierung, die in vielfältiger Weise zur Diskussion angeregt hat (Kiening 1996; Fuchs-Jolie 2005), ist in Bezug auf den Angstfokus nur zu verstehen, wenn man die Konzeptualisierung der Angst in zeitgenössischen benachbarten Diskursen heranzieht. Im theologisch-philosophischen Diskurs kommt der Angst als *timor dei* spezifische Notwendigkeit zu. Gottesfurcht erscheint als adäquate Reaktion auf die Erkenntnis der eigenen Schuld und der *potentia* Gottes. Ebenso gilt umgekehrt, dass die Angst als *timor dei* zum zentralen Impuls auf dem Weg zur *contritio* im Rahmen der Bußpraxis (Slenczka 2007) und auf dem Weg zur Gotteserkenntnis (Huber 2003; Anzenbacher 2007) werden kann. Das heißt: Gottesfurcht führt in der Konsequenz zur Angstlosigkeit in der Welt. Mangelnde Gottesfurcht ruft dagegen Angst in der Welt hervor oder sie verbindet sich mit Angstlosigkeit als Zeichen von *superbia.*

Es ist unschwer zu erkennen, dass sich die Aspekte positiver und negativer Gottesfurcht, wie sie der theologisch-philosophische Diskurs zu bieten hat, in die Szenen- und Figurenregie des *König Rother* konturierend eingeschrieben haben: Im Vertrauen auf Gott geben sich Rother und seine Gefährten im zweiten Teil den Gegnern in die Hand. Umgekehrt tritt die despotische Willkür Konstantins gegenüber jeglichen Werbern um seine Tochter – insbesondere gegenüber König Rother – als Akt der *superbia* hervor. Eben deshalb muss denn auch diese falsche Angstlosigkeit, die Angstlosigkeit der Ignoranz, in hemmungslose Angst in der Welt umschlagen.

Ebenso deutlich sind die Einschreibungen des politischen Herrschaftsdiskurses. Ernst-Dieter Hehl hat in einer Studie zum »Terror als Herrschaftsmittel des früh- und hochmittelalterlichen Königs« dargelegt (Hehl 2007), inwiefern religiös motivierte und politisch motivierte Angstinszenierung bzw. -funktionalisierung über die Strategie der konnotativen Ausbeutung in Parallele zu sehen sind. Indem der *terror militaris* bzw. der *terror legum* dem *terror dei*, den Schrecken und Strafen des richtenden Gottes, gleichgesetzt wird, eröffnet sich ein Legitimationsangebot, über das Schrecken und Angsterzeugung als adäquate Mittel der Herrschaftsdemonstration und Herrschaftsexekutive affirmiert werden können.

Zieht man die Funktionalisierung der Angst im politischen Herrschaftsdiskurs hinzu, erweist sich der Terror, den Rother und seine Riesen entfalten, als notwendige Machtdemonstration, um den widerständigen Konstantin sowohl zu politischer Einsicht in die Verpflichtungen gegenüber dem christlichen Herrschaftsverbund als auch zur Einsicht in seine Sünden – etwa sein illegitimes Verhältnis mit seiner Tochter – zu bringen. Die Zermürbung durch den ersten Auftritt Rohters alias Dietrichs an Konstantins Hof gleicht der Praxis der *contritio*, die sich hier mit dem politisch gemeinten *terror militaris* zusammenschließt, um Konstantin zu Recht in die Knie zu zwingen. Indem die Machtdemonstration im Zuge dieser Lesart die Legierung des Notwendigen erhält, ist sie nicht als eine vorläufige, vorchristliche Stufe der Herrschaftsidealität einzuschätzen. Vielmehr gehören die Fähigkeit zur Demut ebenso wie jene zur Machtdemonstration zum vorbildlichen christlichen Herrscher. Deutlich wird, dass es damit nicht um eine Graduierung, eine hierarchische Restriktion weltlicher Herrschaft unter religiös-heilsgeschichtlichen Gesichtspunkten geht (Haug 1992: 80-83), sondern um die gleichberechtigte Korrelation weltlicher und geistlicher Handlungsmuster als Disposition idealer Herrschaft. Der diskursanalytische Zugriff – und nur er – legt somit eine parataktische, nicht hypotaktische Erzähllogik frei, die die historische Plausibilität auf ihrer Seite hat.

III

Auch in Veldekes Eneasroman, zwischen 1170 und 1190 entstanden (Ausgabe: Kartschoke 2004), kommt dem Angstmotiv besondere Signifikanz zu. Zwar findet sich das Angstmotiv hier nur subdominant eingezogen in der Mikrostruktur des Erzählens, aber es betrifft doch immerhin nun auch die Hauptfiguren in den exklusiven Formen der Liebes- und Höllenangst (Obermaier 2007). Das Entscheidende liegt jedoch nicht auf der Ebene thematischer Erweiterung, sondern auf der Ebene des »discours«, d.h. auf der Ebene der Angstinszenierung bis in die sprachlichen Details hinein. Ebendies bezeugt insbesondere der Liebesmonolog Lavinias, in dem sie ihr Erschrecken über die Übermacht der Minne artikuliert, dieses Schreckens habhaft zu werden versucht und zugleich von der Furcht spricht, Eneas könne sie nicht ebenso lieben wie sie ihn. Über 400 Verse hinweg, in immer neuen Anläufen, wird das dynamische Wechselspiel von Fragen, Ausrufen und Erklärungen, von Gewissheit und Ungewissheit, von Zuversicht und Angst inszeniert:

»nune weiz ich leider waz ich tû, ouch enweiz ich waz mir werret, daz ich sus bin vererret: mirn wart solhes mê niht kunt. nû was ich iezû al gesunt unde bin nû vil nâ tôt. mir wâre gûtes râtes nôt. wer hât sus gebunden mîn herze in korzen stunden, daz ê was ledechlîchen frî? ich vorht daz es der kumber sî, dâ mich mîn mûter trôst zû. her is mir komen alze frû, niwan daz sî michs niht erliez, Minne oder swie siz hiez – jâ si nandez Minne.« Vv. 268, 12 ff.	»Nun weiß ich nicht, was ich tun soll, auch weiß ich nicht, was mich so durcheinanderbringt, dass ich so kopflos bin: So etwas habe ich noch nicht erlebt. Bis jetzt war ich ganz gesund und nun bin ich beinah tot. Guter Rat wäre mir nötig. Wer hat in kürzester Zeit mein Herz so sehr in Bann geschlagen, das zuvor doch völlig frei war? Ich fürchte, es ist der Kummer, zu dem mir meine Mutter zugesprochen hat. Er ist mir zu früh gekommen, doch sie wollte es mir nicht erlassen, Minne oder wie sie es hieß – Ja, sie nannte es Minne.«

Durch eine Fülle an rhetorischen Mitteln – Repetition synonymer Wortpaare, paradoxe Parallelismen, retardierende Fragestellungen, Anaphern- und Antithesenhäufung, Hyperbeln usw. – wird der Satzablauf in eine so unruhige, sprunghafte Bewegung versetzt, dass ebendieses Wie des Darstellens stärker zum Spiegel des aufgewühlten Bewusstseins der Liebenden wird als das Ausgesagte selbst. Damit wird nicht mehr nur über die beängstigende Macht der Liebe gesprochen, vielmehr übersetzt sich die Liebesangst bzw. -hilflosigkeit direkt in die grammatische, syntaktische und rhetorische Diktion, ist nicht Thema, sondern narratives Organon. Diese materielle Schraffur der ängstlichen Sorge bis in den Sprechduktus hinein erhöht dabei nicht nur die Plastizität des Angstausdrucks der Figur, sondern führt zu einer dezidiert empathetischen Rezeptionslenkung. Die Kunst der empathetischen Rezeptionslenkung bis in die Feinstruktur der Syntax hinein wird schließlich ergänzt durch eine spezifische Fokalisierungstechnik (vgl. Hübner 2003: 202-263), die sich auch und gerade in Lavinias Liebesmonolog zeigt. Indem der insgesamt auktoriale Erzähler für Passagen hinter der Rolle seiner Protagonistin verschwindet, wird auch der Hörer/Leser zu einer verstärkten Empathie mit dem Erleben und Empfinden der Protagonistin gebracht.

Beide Techniken der Emphatisierung bleiben dabei nicht auf Lavinia beschränkt. Sie zeigen sich ebenso in den Liebesmonologen Didos und Eneas sowie in der Unterweltsfahrt des Helden und schattieren eben dadurch die Protagonisten insgesamt in neuer Weise. D.h. die Angstdarstellung als Movens narrativer Ausdifferenzierung wird zum Medium der Subjektivierung der Protagonisten und fordert auf diesem Weg das empathetische Mitgehen des Hörers/Lesers dezidiert ein. Gegenüber der Angst als Darstellungsangebot eines statischen Wertetableaus, als Affirmation eines außerliterarischen Diskurses, kommt es hier somit zu einer Umfunktionierung des Motivs bzw. Themas zu einem Medium narrativer Ausdifferenzierung in Bezug auf Wahrnehmung, Empfinden und Leiden der Protagonisten sowie zu einem Medium der empathetischen Rezeptionslenkung.

IV

»Entertainment, bloßes Entertainment« (Vollhardt 2001: 711), so lautet wohl der schärfste Vorwurf, der gegenüber dem Paradigma der Kulturwissenschaften erhoben wurde, insofern sie sich in einem Sammelsurium an Kontexten in einer Methodenbeliebigkeit verliere. Kritisiert wurde auf der Gegenseite nicht weniger scharf: Eine Literaturwissenschaft, die weiterhin philologisch akribische Text-, nicht Kontextwissenschaft sein wolle, bleibe unweigerlich der »saturierten Perspektive des fachdisziplinären Schrebergartens« (Henningsen/Schröder 1997: 6) verhaftet. Wie die Darstellung gezeigt hat, erweist es sich als falsch, die Gegenüberstellung von text- und kontextorientierter Wissenschaft als methodische Alternative zu begreifen. Die »Kunst der Interpretation« liegt nicht darin, sich einer Methode ideologisch zu verpflichten, sondern jeweils zu erkennen, welche Methode die Eigenart des Textes am besten erschließt.

Beim *König Rother* konnte erst die diskursanalytische Lesart die historischen Valeurs der Emotionsdarstellung adäquat aufzeigen. Zu erfassen war gerade die Kongruenz zwischen einer Angstfunktion, wie sie sich im mittelalterlichen theologisch-philosophischen und politischen Diskurs herauskristallisiert, und dem Darstellungs- und Funktionsmodus von Angst im literarisch gestalteten Text. Die Referenz auf die Kontext-Diskurse erscheint hier für ein Textverständnis und sein Emotionskonzept unerlässlich, ja stellt die Differenz zwischen Text und Kontext angesichts eines noch nicht ausdifferenzierten Literaturdiskurses bzw. der Literatur und Geschichtsschreibung übergreifenden Kategorie der Historiographie in Frage.

Andererseits konnten die Spezifika von Veldekes Inszenierung des Angstmotivs nur in genauem Rekurs auf die Mikroebene des »discours« herausgearbeitet werden. Hier zeigten sich in Bezug auf die narrative Umsetzung des Angstmotivs Spielräume der Figurenzeichnung, die nur entstehen konnten, indem die literarische Umsetzung sich von den Distinktionen des zeitgenössischen Diskurses löst, und die nur zu erkennen waren aufgrund eines differenzierten narratologischen Instrumentariums.

Zu einer Geschichte der Emotionen aber tragen beide Texte bei, auch und gerade Veldekes *Eneasroman*. Denn es gehört zu den Paradoxien der Literaturgeschichte, dass eben denjenigen Texten, die ihre Möglichkeiten weitgehend unabhängig von Diskursfestschreibungen und außerliterarischen Normen ausgelotet haben, gerade aufgrund dieser Loslösung nicht nur die literarhistorische, sondern auch die kulturelle Zukunft gehören sollte. Zu den *Alter-ego*-Figuren des

21. Jahrhunderts und ihrem Emotionshaushalt zählt nicht der demütige und nicht der angsterzeugende, sondern der angstaffizierte Protagonist, dessen »texistence« (Randell 2007: 371) im 12. Jahrhundert beginnt.

Quellen

Heinrich von Veldeke (2004): *Eneasroman*. Mittelhochdeutsch/Neuhochdeutsch. Nach dem Text von Ludwig Ettmüller ins Neuhochdeutsche übersetzt, mit einem Stellenkommentar und einem Nachwort von Dieter Kartschoke, 3. Auflage. Stuttgart: Reclam.

König Rother (2000). Mittelhochdeutscher Text und neuhochdeutsche Übersetzung von Peter K. Stein, hg. v. Ingrid Bennewitz unter Mitarbeit von Beatrix Koll und Ruth Weichselbaumer. Stuttgart: Reclam.

Literatur

Anzenbacher, Arno (2007): Die Phänomenologie der Angst bei Thomas von Aquin. In: Gerok-Reiter/Obermaier 2007: 85-96.

Eming, Jutta (2006): *Emotion und Expression. Untersuchungen zu deutschen und französischen Liebes- und Abenteuerromanen des 12. bis 16. Jahrhunderts*. Berlin/New York: de Gruyter.

Fuchs-Jolie, Stephan (2005): Gewalt – Text – Ritual. Performativität und Literarizität im »König Rother«. In: *Beiträge zur Geschichte der Deutschen Sprache und Literatur* 127 (2005), 183-207.

Gerok-Reiter, Annette und Sabine Obermaier (Hg.) (2007): *Angst und Schrecken im Mittelalter. Ursachen, Funktionen, Bewältigungsstrategien in interdisziplinärer Sicht*. Berlin: Akademie Verlag.

Haug, Walter (1992): *Literaturtheorie im deutschen Mittelalter. Von den Anfängen bis zum Ende des 13. Jahrhunderts* [1985], 2. Auflage. Darmstadt: Wissenschaftliche Buchgesellschaft.

Hehl, Ernst-Dieter (2007): Terror als Herrschaftsmittel des früh- und hochmittelalterlichen Königs. In: Gerok-Reiter/Obermaier 2007: 11-23.

Henningsen, Bernd und Stephan Michael Schröder (Hg.) (1997): *Vom Ende der Humboldt-Kosmen. Konturen von Kulturwissenschaft*. Baden-Baden: Nomos.

Huber, Christoph (2003): Geistliche Psychagogie: zur Theorie der Affekte im Benjamin Minor des Richard von St. Victor. In: Jaeger/Kasten (2003): 16-30.

Hübner, Gert (2003): *Erzählform im höfischen Roman. Studien zur Fokalisierung im Eneas, im Iwein und im Tristan*. Tübingen/Basel: Francke Verlag.

Jaeger, C. Stephen und Ingrid Kasten (Hg.) (2003): *Codierungen von Emotionen im Mittelalter*. Berlin/New York: de Gruyter.

Kiening, Christian (1998): Arbeit am Muster. Literarisierungsstrategien im »König Rother«. In: *Wolfram-Studien* 15 (1998), 211-244.

Koch, Elke (2006): *Trauer und Identität. Inszenierungen von Emotionen in der deutschen Literatur des Mittelalters*. Berlin/New York: de Gruyter.

Koch, Elke (2008): Bewegte Gemüter. Zur Erforschung von Emotionen in der deutschen Literatur des Mittelalters. In: *Literaturwissenschaftliches Jahrbuch*. Neue Folge 49 (2008), 33-54.

Obermaier, Sabine (2007): Höllenangst, Kriegerangst, Liebesangst – Narrative Räume für Angst im Eneasroman Heinrichs von Veldeke. In: Gerok-Reiter/Obermaier 2007: 144-160.

Philipowski, Katharina (2006): Wer hat Herzeloydes Drachentraum geträumt? Trûren, zorn, haz, scham und nît zwischen Emotionspsychologie und Narratologie. In: *Beiträge zur Geschichte der Deutschen Sprache und Literatur* 128 (2006), 251-274.

Randall, William (2007): Narrative and Chaos. Acknowledging the Novelty of Lives-in-Time. In: *Interchange* 38 (2007), 367-389.

Ridder, Klaus (2003): Emotion und Reflexion in erzählender Literatur des Mittelalters. In: Jaeger/Kasten: 203-221.

Schnell, Rüdiger (2008): Emotionsdarstellungen im Mittelalter. Aspekte und Probleme der Referentialität. In: *Zeitschrift für deutsche Philologie* 127 (2008), 79-102.

Schnell, Rüdiger (2009): Erzähler – Protagonist – Rezipient im Mittelalter, oder: Was ist der Gegenstand der literaturwissenschaftlichen Emotionsforschung? In: *Internationales Archiv für Sozialgeschichte der deutschen* Literatur 33 (2009), 1-51.

Schulz, Armin (2006): Die Verlockungen der Referenz. Bemerkungen zur aktuellen Emotionalitätsdebatte. In: *Beiträge zur Geschichte der Deutschen Sprache und Literatur* 128 (2006), 472-495.

Slenczka, Notger (2007): Der endgültige Schrecken. Das Jüngste Gericht und die Angst in der Religion des Mittelalters. In: Gerok-Reiter/Obermaier 2007: 97-112.

Vollhardt, Friedrich (2001): Kittlers Leere. Kulturwissenschaft als Entertainment In: *Merkur. Deutsche Zeitschrift für europäisches Denken* 55 (2001), 711-716.

Emotionen in Händels Musiktheater

JAN ASSMANN

Es gibt wohl kaum eine andere Gattung der schönen Künste, die sich so ausschließlich der Darstellung von Emotionen verschrieben hat wie die Barockoper. In der mimetischen, expressiven und vor allem generativen, d.h. den Hörer ansteckenden, unmittelbar affizierenden Darstellung der Gefühle hat die Barockmusik ganz allgemein ihre semantische Dimension gesehen und sich dabei an der Rhetorik orientiert. Von der Rhetorik übernimmt die barocke Musiktheorie, von Joachim Burmeister (Burmeister 1606/2004) bis zu Johann Mattheson (Mattheson 1739/1999) den Begriff der »Figur« als Bezeichnung der kleinsten Einheit der musikalischen Kodierung von Affekten. So spricht auch die Musikwissenschaft von der barocken »Figurenlehre« als der maßgeblichen praktischen und theoretischen Grundlage der musikalischen Affektsemantik.

Diese affektive Wende der Musik ist zugleich eine Rückwendung zur Antike. Sie geht auf die Renaissance zurück, und zwar, etwas später als in der Literatur und bildenden Kunst, auf das späte 16. Jahrhundert mit der Erfindung der *seconda prattica*, des begleiteten Sologesangs, aus dem um 1600 die Oper hervorging. Zwar ist die antike Musik verklungen und aus den rudimentären Ansätzen ihrer Notation nicht zu rekonstruieren. Dafür hat sich aber eine musiktheoretische Literatur erhalten, die in der Renaissance und im Barock intensiv studiert wurde. Dabei geht es vor allem um die Frage nach der generativen, affekterzeugenden oder, in der Sprache der Zeit, gemütsbewegenden Macht der Musik. Die beiden Seiten in diesem Streit, der um die Mitte des 16. Jahrhunderts entbrannte, vertraten ganz unterschiedliche Vorstellungen von dieser Macht. Für die einen sollte die Musik durch die Schönheit des harmonischen Wohlklangs die Seele erheben, für die anderen sollte sie im Rahmen des dramatischen Spiels nach dem Vorbild der antiken Tragödie durch Furcht und Mitleid und ein ganzes Spektrum von Affekten die Seele rühren und moralisch formen. Der *dramatic turn* war daher zugleich ein *affective turn*. Der antike Musikbegriff, den man jetzt wieder entdeckte, beruht auf der Verbindung von Wort, Melodie und Tanz (Rhythmus). Damit verband sich die Theorie eines natürlichen Zusammenhangs zwischen der Musik und einerseits der menschlichen Seele, andererseits der Mathematik und damit dem Aufbau des Kosmos'. Auf der Grundlage dieses Zusammenhangs galt die Musik als die mächtigste der Künste. So vertrat der spätantike Philosoph Boethius die Ansicht, dass Musik mit dem Menschen von Natur aus verbunden sei und den Charakter zum Guten oder Schlechten beeinflussen könne. Boethius ging sogar so weit, es als besonders typisches Wesensmerkmal des Menschen zu sehen, durch sanfte Tonarten besänftigt und durch gegenteilige Tonarten in Erregung versetzt zu werden (vgl. Boethius 2009).[1] Diese moralische Macht und Verantwortung kann die Musik aber nur in Verbindung mit Sprache und szenischer Aktion wahrnehmen. So ergab sich aus antiquarischen Überlegungen die Forderung nach einer völlig neuen Musik, die sich ganz dem szenischen Wort unterordnete, um ihre formende Gewalt über den menschlichen Charakter auszuüben. Diese Forderung war nur durch den Solo-Gesang einzulösen, da ein bestimmter Affekt nur durch nur *eine* Melodie, aber nicht durch ein vielstimmiges Geflecht ausgedrückt werden könne (Berger 2000: 108-161, bes. 120-133; Leopold 2004: 49-60; dies.: 2009: 85-90).

Mit der Oper verband sich also von allem Anfang an ein moralischer Wirkungs- und Bildungsauftrag. Darin sollte die Macht dieser neuen Form von Musiktheater liegen, die durch die Einbindung der Musik die menschliche Seele tiefer und intensiver zu berühren vermag als jede andere Kunst. So kommt es zu einer Allianz zwischen Musiktheorie und Psychologie, der Lehre von den »passioni dell' anima«, den *passions de l'âme*[2] einerseits und den musikalischen Mitteln, diese Passionen auszudrücken und zu erregen, andererseits.[3] Diese Vorstellung einer engen und natürlichen, in der Natur des Menschen und der Welt gelegenen Verbindung zwischen Musik und Leidenschaften bildet die Zentralidee der Oper. So wie die Sprache den verstehenden Geist, berührt die Musik die empfindende Seele; und im Zusammenwirken beider entsteht eine im höchsten Grade gemütsbewegende Sprache und prägnant bedeutende, semantisch aufgeladene Musik, die etwas bedeutet, wie nur Sprache es vermag, und Worte, die uns berühren und bewegen, wie nur Musik es vermag.

Das Prinzip der opera seria besteht in der strikten Unterscheidung zweier Ebenen, der lyrischen und der dramatischen. In der dramatischen Form des Rezitativs agieren die Protagonisten miteinander und treiben die Handlung voran, in der lyrischen Form der Arie treten sie gleichsam einen Schritt hinter das dramatische Geschehen zurück und überlassen sich dem Ausdruck ihrer Gefühle oder

1 Auch Descartes (vgl. Anm. 2) sah die Verbindung von Leidenschaften und Musik als naturgesetzlich begründet an.

2 Descartes unterscheidet sechs Grundformen von Affekten, die zu zahlreichen Zwischenformen miteinander kombiniert werden können: Freude (joie), Hass (haine), Liebe (amour), Trauer (tristesse), Verlangen (désir), Bewunderung (admiration) (Descartes 1992).

3 Hermann 1958, verweist auf Wolff (1732), besonders das Kapitel »De affectibus«, Cap. III § 603.

auch allgemeinen Reflexionen. Dazwischen gibt es als dritte Form das orchesterbegleitete Rezitativ, das Recitativo Accompagnato. In dieser expressivsten der drei Formen geht es um die Dramatik des Gefühls. In der meist darauf folgenden Arie wird dann das Gefühl gewissermaßen stillgestellt und musikalisch portraitiert. Dabei tritt der Sänger aus der Handlung heraus und wendet sich an das Publikum. Während im Sprechtheater die Handlungsebene dominiert und nur selten reflektierende Monologe die Handlung unterbrechen, ist es in der Oper umgekehrt: Hier stehen die expressiven Formen, Arien und Accompagnati, im Vordergrund. Sie konstituieren das Drama, und die in die Secco-Rezitative verlegte Handlung tritt dahinter ganz zurück. Bei Händel, der die Rezitative seiner Vorlagen auf ein Minimum zusammenzustreichen pflegte, erreicht diese Tendenz einen Höhepunkt.

Georg Friedrich Händel kann als der prominenteste Vertreter dieser »pathetischen« Musik gelten (Leopold 2004: 70-96). In seinen Opern und Oratorien gewinnt die barocke Affektsemantik und Rhetorik die formale Prägnanz des Klassischen. Händel hat sich zur Macht der Musik auch geäußert, zwar nicht in Form einer theoretischen Schrift, aber in Form der Vertonung zweier Oden, der *Cäcilienode* und des *Alexanderfests*, sowie Miltons *L'Allegro ed il Penserioso,* in denen es um die gefühlsverwandelnde Kraft der Musik geht, vor allem aber in der Form eines Selbstporträts. Im dritten Akt seines Oratoriums *Solomon* lässt er König Salomon als Komponisten und Dirigenten, also als Händel, auftreten, um die Königin von Saba mit einem Konzert zu ehren. »Streicht die Saiten«, so fordert er seine Musiker auf, »um jede Leidenschaft mit der entsprechenden Melodie zu erregen« (*rouse each passion with th'alternate air*). Im Folgenden wird das an vier Beispielen vorgeführt: Zuerst erklingt in G-Dur eine pastorale Musik, die mit ihrem »lulling sound« die Hörer zur Ruhe bringen soll, dann in schärfstem Kontrast eine martialische Sinfonia in D-Dur mit Pauken und Trompeten, um »uns zu Kriegstaten, klirrenden Waffen und wiehernden Pferden zu animieren« (*rouse us next to martial deeds, clanking arms and neighing steeds*), als Drittes erklingt ein Lamento in g-Moll, das die Tränen hoffnungsloser Liebe hervorlocken soll (*draw the tears from hopeless love*), »voll von Tod und wilder Verzweiflung« (*full of death and wild despair)* und zum Abschluss soll durch eine Musik des Friedens in Es-Dur »die aufgewühlte Seele erlöst und der Geist wieder in Friedensstimmung versetzt werden« (*next the troubled soul release and the mind restore to peace*). Auch der innere Frieden gehört zu den Gefühlen, die Musik erzeugen kann. Sie vermag nicht nur die Leidenschaften zu erregen (*to rouse the passions*), sondern im Gegenteil die aufgewühlte Seele mit Frieden zu füllen.

Dieses Gefühl spielt in der Musik und gerade bei Händel eine sogar besonders große Rolle. Prominente Beispiele sind etwa die Auftrittsarien der Medea *Dolce riposo* zu Beginn des zweitens Akts der Oper *Teseo* (1712) (Chrysander 1874: 30 f.) und des Serse *Ombra mai fu* zu Anfang der gleichnamigen Oper (1738) (ders. 1884: 6 f.; hierzu Osthoff 1973: 175-189). Beide Melodien bilden ein Herabschweben ab. Sie setzen mit einem lang ausgehaltenen, allmählich anschwellendem Ton ein und steigen dann ab. Was hier herabschwebt, ist der himmlische Frieden, der sich in die bedrängte Brust senkt; in beiden Fällen erweist sich dies Gefühl im Fortgang der Handlung jedoch als trügerisch.

Der meist auf schwachem Taktteil einsetzende »Schwellton« gilt als ein besonderes Glanzstück der barocken Gesangskultur; verbunden mit dem anschließenden Abstieg bildet er eine typische Figur in Händels Musiktheater, die er sonst meist zum Ausdruck der Klage einsetzt. Es handelt sich hier aber um etwas Anderes als die konventionellen »Figuren« der barocken Affektenlehre. Vielmehr scheint es sich um eine individuelle Prägung zu handeln, für die ich den Begriff der »Pathosformel« in Vorschlag bringen möchte, den Aby Warburg in die Kunstwissenschaft eingeführt hat.[4] Warburg prägte ihn in Bezug auf prägnante bildliche Formulierungen, in denen sich bestimmte Inhalte, in diesem Fall leidenschaftliche Gefühlsbewegungen, im kulturellen Bildgedächtnis über Jahrtausende hin erhalten und übertragen können (Port 2005). Der gedächtnistheoretische Bezug auf das »Nachleben« der Antike fällt bei der Musik zwar aus, weil die antike Musik verklungen ist, aber dafür passen die Komponenten »Pathos« und »Formel« umso besser. Ich verwende diesen Begriff für individuelle, für Händel typische Prägungen, im Unterschied zu den konventionellen »Figuren« der barocken Musiktheorie, und sehe im Übergang vom einen zum anderen bei Händel die Zeichen einer individuelleren Ästhetik, wie sie für das ausgehende 18. Jahrhundert kennzeichnend wird (ich danke Daniela Hammer-Tugendhat für entsprechende Hinweise).

Die beschriebene Pathosformel lässt sich als ein sehnsuchtsvolles (Medea, Serse) oder schmerzliches (Almira usw.) stöhnendes Ausatmen, gefolgt von einem ermatteten (Medea, Serse) oder verzweifelten (Almira usw.) Niedersinken beschreiben. In Klagen schließt Händel an den »niedersinkenden« Abgang oft eine »Exclamatio«, einen Aufschwung nach oben an. Im Folgenden möchte ich mich bei dem Versuch, einige besonders typische Verfahren von Händels Emotionsdarstellung zu beschreiben, weitgehend auf zwei Opern beschränken: *Rinaldo* (1711), eine seiner ersten, und *Alcina* (1735), eine seiner letzten Opern. In seiner ersten Londoner Oper *Rinaldo* gibt Händel jeder der drei Hauptfiguren, Rinaldo, Armida und Almirena, ein Lamento. Rinaldos und Armidas Lamenti beginnen beide mit dem Schwellton mit folgendem Abstieg. Diese Arien zeichnen sich durch eine außerordentlich reich durchgearbeitete und instrumentierte Orchesterbegleitung aus, die hinsichtlich Melodik, Rhythmik und Tempo ebenfalls im Dienst der Emotionsdarstellung steht. Emotionen werden im Barock als Bewegungen der Seele verstanden und daher vor allem in der musikalischen Bewegung, beschwingt oder schleppend, flüssig oder stockend, agil oder gelähmt usw. abgebildet. Ich möchte dieses Prinzip der Instrumentalbegleitung als »ko-expressive Polyphonie« bezeichnen. Die Begleitstimmen dienen nicht einfach der

4 Herbert Lachmayer machte vor einigen Jahren den Vorschlag, ihn auf die Musik, insbesondere die Oper, auszuweiten und veranstaltete zu diesem Thema im Jahre 2005 eine Tagung an dem von ihm geleiteten Da-Ponte-Institut in Wien. Auf dieser Tagung basieren Assmann 2006 und Weigel 2006.

harmonischen Auffüllung und der rhythmischen Unterstützung, sondern sind Ausdrucksträger eigener Klagemotive, sodass das ganze Orchester auf vielfältige Weise mit der Stimme mitklagt. Durch dieses Verfahren, das Händel besonders gern in Lamenti einsetzt, steigert sich die emotionale Prägnanz und Expressivität seiner Musik enorm und scheint eine Eigenheit darzustellen, die seine Opern von denen seiner italienischen oder italienisierenden Zeitgenossen wie Vinci, Leo, Porpora, Hasse unterscheidet.

In ganz anderer Weise bemerkenswert ist das berühmte Lamento der Almirena *Lascia ch'io pianga.* Hier greift Händel eine Sarabande auf, die er in seiner Hamburger Oper *Almira* als Tanz eingebaut (Chrysander 1873: 81) und in seinem römischen Oratorium *Il Trionfo del Tempo e del Disinganno* zu einer Arie umgestaltet hat.[5] Die in ihrer äußersten Schlichtheit vollkommene Melodie hat in keiner dieser Verwendungen etwas mit Klage zu tun. Die Sarabande ist ursprünglich ein eher schneller und zuweilen als lasziv beschriebener Sprungtanz im Dreiertakt, der sich im späten 17. Jahrhundert verlangsamt. So bedeutet es einen kühnen Schritt, sie in *Rinaldo* zu einem Lamento umzufunktionieren. Dies ist ein Beispiel für Händels Vorliebe, seinen Arien Tanzrhythmen zugrunde zu legen (Telle 1977; Leopold 2009, 72-80) Variationen dieser Sarabande verwendet Händel für Lamenti in *Amadigi* (1715) und *Radamisto* (1720), in allgemeinerer Form taucht sie immer wieder zum Ausdruck der Klage in seinen späteren Opern auf.

Das Besondere an Händels musikalischer Dramaturgie ist aber nicht so sehr das einzelne Affekt-Portrait, zu dem er seine Arien, wie berührend und emotional ansteckend auch immer, ausgestaltet, sondern die kontrastive Komposition solcher Affektbilder. Von der opera seria lässt sich, wie Carl Dahlhaus betont, erst dann als »von einem Drama, das durch Musik konstituiert wird, sprechen, wenn es gelingt, die Arien, statt sie als isolierte lyrische Momente aufzufassen, aufeinander zu beziehen und zwischen ihnen einen Zusammenhang zu entdecken, den man – ohne dem Wortsinn Gewalt anzutun – dramatisch nennen kann.« (Dahlhaus 1983: 467). Solche Zusammenhänge entdeckt man vor allem in Händels späten Opern, z.B. in *Alcina* (1735). Letztere (der Stoff stammt aus Ariost, *Orlando Furioso*) erzählt die Geschichte einer Zauberin, deren Zauberkraft darin besteht, Männer unwiderstehlich in sie verliebt zu machen, und die diese Kraft dadurch verliert, dass sie selbst von unwiderstehlicher Liebe ergriffen und dadurch verwundbar wird. Diese Liebesergriffenheit kommt gleich in ihrer ersten Arie *Di, cor mio* zum Ausdruck (Chrysander 1868: 22-25; zu Alcina: Dean 2006: 312-334; *L'Avant-scène opéra* 130). Sie beginnt mit einem schönen, aber konventionellen Thema und geht dann in kurze, expressive Mini-Motive über. Dieses Verfahren ist für Händel durchaus typisch; gerade seine emotional hochexpressiven Arien entwickelt er oft nicht aus großen melodischen Bögen, sondern aus kleinen Motiven, die wie Interjektionen, Seufzer, Aufstöhnen, heftige Empfindungsschübe den melodischen Fluss unterbrechen.

5 Arie des Piacere (der Verkörperung des Lebensgenusses) »Lascia la spina, coglie la rosa« (Lass den Dorn, pflücke die Rose) (Chrysander 1867, 76 f.).

Es gibt wenig Arien in Händels Oeuvre, in denen Liebe als eine überwältigende, aufwühlende Emotion musikalisch so unmittelbar zum Ausdruck kommt. Vergleichbar ist allenfalls die Arie *piu que penso* des Serse, in der er sich, »je länger« er »über die Flammen des Herzens nachdenkt«, seiner Verliebtheit nur immer gewisser wird (Chrysander 1884: 34-37). Es handelt sich um das Motiv, für das Marivaux den Terminus »amour naissant« geprägt hat, die Darstellung der entstehenden Liebe.[6] Die Arie des Serse ist ein Vorläufer in dieser Richtung. Das achttaktige Orchesterritornell bringt abwechselnd im Bass und in den Geigen ein leidenschaftliches, ungemein expressives Motiv, das mit seinen 32-tel Aufschwüngen, Oktavsprüngen und punktierten Rhythmen diese auflodernden Herzensflammen darstellt; die Singstimme aber legt sich ganz schlicht, nachdenklich mit einer allmählich aufsteigenden Sequenz in diesen Aufruhr hinein, um erst im vierten Takt dann in eine ausdrucksvolle Melodie zu münden und in einer langen Koloratur, nun des Gefühls ganz sicher, auszuschwingen.

Das Gegenstück zur ersten Arie der Alcina bildet ihr Lamento *Ah, mio cor!* im zweiten Akt (Chrysander 1868: 82-87). Wie in der ersten Arie sinnliche Liebesbesessenheit, kommt in dieser schockartige Schmerzerstarrung zum Ausdruck. Alcina hat erfahren, dass Ruggiero sie betrogen hat und sie mit Bradamante, seiner Ehefrau, heimlich verlassen will. Über einem sich in abgewandelter Form ständig wiederholenden Achtelmotiv der Bässe bewegen sich die oberen Streicher in kurzen, harten Akkordschlägen. Die Singstimme setzt in Takt 16 auf schwachem Taktteil mit der Pathosformel des über vier Viertelschläge ausgehaltenen und in Takt 17 hinüber gebundenen Schwelltons ein, bricht nach kurzem »niedersinkenden« Abgang auf das Wort »schernito« mit einem Oktavsprung in die typische Exclamatio aus. Im Folgenden bringt sie nur abgerissene Phrasen heraus.

Im schärfsten Kontrast zu Alcinas aufgewühlten Lamento steht Ruggieros Arie *verdi prati selve amene,* in der er Abschied von der Zauberinsel nimmt (ebd. 94-96). Eine langsame Sarabande in E-Dur, einer von Händel nur für herausgehobene Nummern verwendeten Tonart, und eine Melodie von äußerster Schlichtheit.[7] Unmittelbar darauf folgt in denkbar hartem Kontrast ein stürmisches Accompagnato, in dem Alcina aus ihrer Erstarrung wieder zu sich kommt: *Ah! Ruggiero crudel, tu m'ingannasti!*

Von den drei typischen Nummern der italienischen Oper des 18. Jahrhunderts, Secco-Rezitativ, Arie und Accompagnato, ist das Accompagnato die bei weitem expressivste Form. Das nur continuobegleitete Secco-Rezitativ (*recitativo semplice*) treibt die Handlung voran, die in der Arie stillgestellt wird, um einen Affekt, eine Stimmung oder auch eine allgemeine sentenzenhafte Erkennt-

6 Im Musiktheater des Barock ist dieses Thema ganz ungewöhnlich; eigentlich gilt Mozart als der erste, der die aufkeimenden Gefühle von Liebesleidenschaft und den inneren Weg zur Liebesgewissheit musikalisch gestaltet hat; das klassische Beispiel ist die Bildnisarie des Tamino (Borchmeyer 2005: 29-40).

7 Carestini wies anfangs diese Arie wegen ihrer Schlichtheit zurück und konnte von Händel nur unter Androhung der Streichung seiner Gage zur Räson gerufen werden.

nis darzustellen. Im Accompagnato aber werden die Affekte dramatisch ausgelebt. Hier gibt sich die Figur rückhaltlos ihren Empfindungen hin, die sie in der darauf folgenden Arie dann in den Griff einer geschlossenen Form bringt.[8] Zu dieser Art gehört als ein besonders eindrucksvolles Beispiel das Accompagnato der Alcina. Ruggiero erweist sich als ein Heuchler, ein Verräter! Und doch liebt sie ihn. Zerrissen zwischen Hass und Liebe beschwört sie ihre Geister, die Furien der Hölle, ihr beizustehen und den Flüchtigen aufzuhalten. In den ersten neun Takten kommt dreimal der »neapolitanische Sextakkord«, eine der stärksten Pathosformeln vor. Nach diesem Ausbruch macht sich Alcina daran, ihre Geister zu beschwören, wird aber von diesen verlassen; ihre Einsamkeit stellt Händel dadurch heraus, dass er ihre verzweifelten Fragen und Vorwürfe ohne Bass und nur von zwei Violinen colla parte begleiten lässt, wobei ihre Erregung sich in Sprüngen bis zur erweiterten Dezime Luft macht. In der anschließenden Arie *ombre pallide* (4/4-Takt; Chrysander 1868: 100-105) stellt die kontrapunktisch dichte vierstimmige Streicherbegleitung, fast durchweg piano und pianissimo, die sie umschwebenden, aber nicht auf sie hörenden Geister dar; die Stimmung ist unheimlich, voller Angst und Hast.

Alcinas nächste Arie, *ma quando tornerai*, ist ein Wutausbruch. Furioser Zorn, wie ihn etwa Mozart in der Arie »Der Hölle Rache kocht in meinem Herzen« der Königin der Nacht gestaltet hat, war Händels Sache nicht. Seine Wut-Arien haben immer etwas fast freudig Beschwingtes. In seiner 1732 erschienenen *Psychologia empirica* unterscheidet Christian Wolff zwei Klassen von Affekten: lustbetonte *affecti iucundi* und unlustbetonte *affecti molesti*; die einen stehen im Zeichen freudiger oder zorniger Lebensregungen, die anderen im Zeichen morbider Todessehnsucht. Händel verteilt sehr klar seine Tempi und Rhythmen auf beide Klassen von Gefühlen, und es ist deutlich, dass Alcina jetzt mit diesem Wutausbruch zu ihrer Lebenskraft zurückgefunden hat, die sie in *ombre pallide* zu verlassen drohte. Hier steckt die Wut in den wilden Sprüngen der unisono geführten Violinstimmen, eine typische Formel bei Händel, um Wut und Zorn auszudrücken. Alcinas Arie *Mi restano le lagrime* zeichnet die letzte Station ihres Leidenswegs von der liebesverstrickten und dadurch verletzbaren über die verletzte, zutiefst getroffene zur endgültig verlassenen und verzweifelten Frau. Sie ist eine reine Verlassenheitsklage, ohne alles Aufbegehren, und für sie verwendet Händel hier wie in vielen vergleichbaren Situationen die klassische Form der Siciliana (Leopold 2004: 77-80), an die ja auch noch Paminas g-Moll-Arie in der *Zauberflöte* erinnert.

---

8 Rousseau unterscheidet beim orchesterbegleiteten Rezitativ zwei Formen: das *»accompagné«*, bei dem sich die Singstimme wie beim secco zu liegenden, lang ausgehaltenen Akkorden bewegt, die hier anstatt vom Cembalo vom Orchester gespielt werden, und das bewegte bis aufgewühlte, melodramatische *»obligé«*, bei dem die Singstimme im Zwiegespräch mit dem Orchester durch instrumentale Einwürfe unterbrochen wird (Gülke 1989: 308-314).

Die emotionale Glut und Ausdruckskraft des händelschen Musiktheaters ist von keinem seiner Zeitgenossen und Nachfolger erreicht worden.[9] Die Komplexität der »koexpressiven« Polyphonie und die abgründige Melancholie der Lamenti passten nicht in die zuweilen etwas flaue Leichtigkeit des »galanten Stils«. Erst Mozarts *Idomeneo* knüpft wieder an die Kraft und das Feuer der händelschen Oper an.

Literatur

Assmann, Jan (2006): Pathosformeln, Figuren und Erinnerungsmotive in Mozarts Zauberflöte. In: Lachmayer, Herbert (Hg.): *Mozart. Experiment Aufklärung im Wien des ausgehenden 18. Jahrhunderts*. Ostfildern: Hatje Cantz, 781-789.

Berger, Karol (2000): *A Theory of Art*. Oxford: Oxford UP.

Boethius, Anicius Manlius Severinus (2009): *De institutione musica, liber 1 – Von der musikalischen Unterweisung, Buch 1* (lat./dt.), netzediert nach Gottfried Friedlein (Leipzig 1867) und ins Deutsche übersetzt von Hans Zimmermann (http://www.12koerbe.de/arche/boe-mus1.htm).

Borchmeyer, Dieter (2005): *Mozart oder Die Entdeckung der Liebe*. Frankfurt a. M.: Insel, 29-40.

Burmeister, Joachim (2004): *Musica Poetica* [Rostock 1606]. Laaber: Laaber.

Chrysander, Friedrich (1867): G.F. Händels Werke, Bd. 24, *Il Triofo del Tempo e della verità*. Leipzig: Breitkopf und Härtel.

Chrysander, Friedrich (1868): G.F. Händels Werke, Bd. 86 [27], *Alcina*. Leipzig: Breitkopf und Härtel.

Chrysander, Friedrich (1873): G.F. Händels Werke, Bd. 55 *Almira*. Leipzig: Breitkopf und Härtel.

Chrysander, Friedrich (1874): G.F Händels Werke, Bd. 60, *Teseo*. Leipzig: Breitkopf und Härtel.

Chrysander, Friedrich (1884): G.F. Händels Werke, Bd. 92, *Serse*. Leipzig: Breitkopf und Härtel.

Dahlhaus, Carl (1983): *Vom Musikdrama zur Literaturoper. Aufsätze zur neueren Operngeschichte*. München/Salzburg: Emil Katzbichler.

Dean, Winton (2006): *Handel's Operas 1726-1741*. Woodbridge: Boydell Press.

Descartes, Renatus (1992): Musicae compendium (Utrecht 1650). *Musicae Compendium – Leitfaden der Musik* (lat./dt.), hg. von Johannes Brockt. Darmstadt: Wissenschaftliche Buchgesellschaft.

Descartes, René (1964): *Traité des passions de l'âme* (Amsterdam/Paris 1649). Mit Einl. u. Anm. v. Geneviève Rodis-Lewis. Paris: Calman-Lévy (1955).

Descartes, René (1723): *Von den Leidenschaften der Seele*, übers. v. Balthasar Tilesius. Frankfurt a. M./Leipzig: Ernst Gottlieb Krug.

9 Die emotionale Ausdruckskraft der Musik J.S. Bachs soll hier in keiner Weise bestritten werden; nur ist Bachs Musik nicht so genuin theatralisch wie die Händels.

Descartes, René (1870): *Über die Leidenschaften der Seele*, übers. u. erl. v. Julius Hermann v. Kirchmann. Berlin: Heimann.

Descartes, René (1911): *Über die Leidenschaften der Seele*, übers. u. erl. v. Artur Buchenau. Leipzig: Meiner.

Gülke, Peter (Hg.) (1989): Rousseau, Jean Jacques: Récitatif. In: *Musik und Sprache. Ausgewählte Schriften*, übertr. v. Dorothea und Peter Gülke. Leipzig: Reclam, 308-314.

Händel, Georg Friedrich (2009): *Die Opern*. Kassel: Bärenreiter.

Ferdinand, Hermann (1958): *Die musikalische Darstellung der Affekte in den Opernarien Georg Friedrich Händels*. Diss. Bonn.

L'Avant-scène opéra 130 (1990). Paris: France Telecom Fondation.

Leopold, Silke (2009): Tanzrhythmen. In: Händel 2009: 72-80.

Leopold, Silke (2004): *Die Oper im 17. Jahrhundert. Handbuch der musikalischen Gattungen*, Bd. 11. Laaber: Laaber.

Mattheson, Johann (1999): *Der vollkommene Capellmeister* [Hamburg 1739]. Kassel: Bärenreiter.

Osthoff, Wolfgang (1973): Händels »Largo« als Musik des Goldenen Zeitalters. In: *Archiv für Musikwissenschaft* 30, 175-189.

Port, Ulrich (2005): *Pathosformeln. Die Tragödie und die Geschichte exaltierter Affekte* (1755-1886). München: Wilhelm Fink.

Telle, Karina (1977): *Tanzrhythmen in der Vokalmusik Georg Friedrich Händels*. München/Salzburg: Emil Katzbichler (Beiträge zur Musikforschung 3).

Weigel, Sigrid (2006): Pathosformel und Oper. Die Bedeutung des Musiktheaters für Aby Warburgs Konzept der Pathosformel. In: *KulturPoetik*, Bd. 6, Heft 2, 234-253.

Wolff, Christian (1732): *Psychologia Empirica*. Frankfurt a. M.: Renger.

Liebe ohne Leib? Anmerkungen zur Gefühlsgeschichte bürgerlicher Vaterschaft im 19. Jahrhundert

NINA VERHEYEN

Wie viel Leib braucht die Liebe? Einleitung

Kürzlich hat das Land Berlin eine Kampagne gegen Internetsucht gestartet, die jüngere Menschen ermahnt, ein echter Kuss sei schöner als ein Chat im Internet (dpa 2010). Gegen diese These ließen sich vermutlich auch Einwände formulieren, aber zumindest in einem Punkt ist ihr zuzustimmen: Liebe verändert sich, wenn ihr ein Körper zur Verfügung steht – oder entzogen wird. Auf dem engen Zusammenhang von Leib und Liebe beharren auch immer mehr Väter, die sich nach einer Scheidung von ihren Kindern zu Unrecht fern gehalten fühlen. Vehement fordern sie von früheren Partnerinnen das Recht, den eigenen Nachwuchs treffen zu dürfen. Telefonate würden als Kontaktform nicht reichen, denn man wolle die Kinder auf den Arm nehmen, sie drücken und küssen. Die leiblich-expressiv ausgedrückte Liebe zwischen Vater und Kind sei für das psychische Wohlergehen sowohl des Kindes wie des Erwachsenen unerlässlich.[1]

Die vorliegende Skizze fragt nach Leiblichkeit und Expressivität väterlicher Liebe in historischer Perspektive. Die zentrale – wenngleich sehr vorläufige und zu differenzierende – Hypothese lautet, dass es in der deutschen Geschichte des 19. Jahrhunderts nicht notwendig zu einer Abwertung, aber sehr wohl zu einer Umdeutung, nämlich einer tendenziellen »Entleiblichung« väterlicher Liebe als bürgerlicher Denkfigur kam. Für Vorstellungen von Bürgerlichkeit und Vaterschaft war körperliche Nähe sowie expressiv ausgedrückte Zuneigung zwischen Mann und Kind zunächst zentral, dann marginal und schließlich in manchen

1 Vgl. etwa die Internetseite http://www.vaeter-zeit.de/index.php [2010].

Kontexten sogar unerwünscht. Die legitimen Spielräume leiblich ausgedrückter Liebe zwischen Vater und Kind wurden langsam enger gezogen. Im ausgehenden 19. Jahrhundert war »Vaterliebe« als bürgerliches Leitbild durchaus noch präsent, aber ihres körperlichen Resonanzraumes zunehmend beraubt – und sie könnte auch deshalb so wenig Spuren hinterlassen haben.

Der liebevolle Leib. Inszenierungen zärtlicher Vater-Kind-Dyaden

Das Stereotyp des bürgerlichen Mannes als eines strengen, distanzierten Vaters und rastlosen Berufsmenschen, dessen Leben allein um öffentliche Tätigkeiten fern der zu einer emotionalen Binnenwelt stilisierten Familie kreiste, ist vor allem für das frühe 19. Jahrhundert relativiert worden. Besonders vehement hat Anne-Charlott Trepp Emotionalität und Familienorientierung als Charakteristika bürgerlich-männlicher Identität um 1800 betont, als sich öffentliche und private Lebenswelten noch verschränkten und unter dem Einfluss der Empfindsamkeit beide Geschlechter nach »häuslicher Glückseeligkeit« strebten (vgl. Trepp 1996). Einige der von Trepp untersuchten Selbstzeugnisse aus dem Hamburger Raum liefern zudem Indizien für die Selbstbeschreibung bürgerlicher Männer als überaus zärtliche Väter. Vor allem das Tagebuch von Ferdinand Beneke (1774-1848) ist in dieser Hinsicht auffällig. Der Hamburger Jurist malte die Beziehung zu seinen Kindern minutiös aus. Nach dem Essen, so notierte er beispielsweise im Jahr 1810, rufe seine Tochter »Pilen! Pilen! Pater«, und dann habe »das Tanzen kein Ende«. Ebenso beschrieb er, wie ihn seine zweijährige Tochter zuweilen provoziere, bis er sie schließlich »hasche, und mit Küssen bestrafe« (Beneke 1810, Beilage Nr. 38).

Benekes im Tagebuch betontes Interesse an den Kindern, das engen körperlichen Kontakt einschloss, war nicht auf den männlichen Nachwuchs beschränkt und es entwickelte sich keineswegs erst mit deren wachsenden geistigen Fähigkeiten langsam heraus. Schon bei der aus dem Nebenzimmer verfolgten Geburt des ersten Kindes »beklemmten« den Juristen, so jedenfalls macht es das Tagebuch Glauben, »ganz neue nie geahndete Gefühle«.

Der schließlich gesund geborene Säugling wurde von der Hebamme versorgt und nahm dann Kontakt mit seinem Vater auf. Beneke notierte: »Nun trat ich herzu. Es schrie. Es schien mich aus seinen blauen Augen anzusehen, und verstummte – Dieser Augenblick war entscheidend; er gebahr meine Vaterliebe« (Beneke, Eintrag 22.11.1808). In den von Beneke beständig komplettierten Notizen entfaltete sich diese Vaterliebe zu prachtvoller Blüte. Sie kulminierte in Formulierungen, die eine exklusive Vater-Kind-Dyade behaupteten und dabei der Mutter – auch und gerade emotional – eine nachrangige Position zuschrieben. Zufrieden konstatierte Beneke wenige Wochen nach der Geburt seiner Tochter: »Zu mir scheint sie eine besondere instinktmäßige Neigung zu haben. Wenn keiner die Schreiende beschwichtigen kann, so brauche ich sie nur auf den Arm zu nehmen, u. ihr vorzusingen, so ist sie still, und sogar voll Behagens« (Beneke, Eintrag 18.12.1808).

Ob es tatsächlich der Vater war, der den weinenden Säugling durch körperliche Nähe besser als andere beruhigen konnte, lässt sich nicht erörtern und ist für den vorliegenden Aufsatz irrelevant. Denn Selbstzeugnisse werden hier weder als objektiver Spiegel noch als subjektiver Zerrspiegel sozialer Praxis herangezogen, sondern als Element sozialer Praxis selbst: Mit Hilfe seines Tagebuchs bemühte sich ein pietistischer Hanseat um tägliche Introspektion – und brachte sich als ein um Aufrichtigkeit bemühtes Individuum sowie als empathischer Bürger hervor. Das bürgerliche Subjekt konstituierte sich im Augenblick des Schreibens, und zwar auch entlang genrespezifischer Vorgaben und sozialer Normen. Auf dieser Ebene ist Anne-Charlott Trepps Bemerkung zu relativieren, Ferdinand Beneke habe sich in der oben zitierten Tagebuchpassage das normative Konzept der »Mutterliebe« spontan zu eigen gemacht (Trepp 1996: 326). Denn wie Claudia Opitz betont, wurde von spätaufklärerischen Pädagogen parallel zur Mutterliebe auch das Ideal des »›vollamtlich‹ liebenden Vaters« entworfen (Opitz 1998: 25). Zeitgenössische Wörterbücher führten »Vaterliebe« und »Vaterherz« sogar als eigenständige Einträge, definiert als »die Liebe, welche ein Vater gegen seine Kinder hat« oder als »das zärtliche Herz eines Vaters gegen seine Kinder; wie Mutterherz« (Adelung 1801: 978). Auch empfindsame Familiendramen und aufklärerische Kinderbücher des ausgehenden 18. Jahrhunderts stellten Väter dar, die ihre Kinder umarmten, küssten und streichelten (vgl. etwa Sørensen 1984: 65-207). Und der Kupferstecher Daniel Chodowiecki, der den erfolgreichen Ratgeber *Ueber die Ehe* von Theodor Gottlieb von Hippel illustrierte und bürgerliche Leitbilder im wörtlichen Sinne schuf, zeigte Vaterfiguren, die von Säuglings- und Kleinkindkörpern geradezu eingerahmt und bedeckt wurden (vgl. Lorenz 1985: Abb. 2). Kurzum: Ferdinand Beneke musste keineswegs im Alleingang diskursive Geschlechtergrenzen übertreten, um seine »Vaterliebe« auf den Begriff zu bringen.

Über die Verallgemeinerbarkeit von Benekes Gefühlswelt lässt sich trotzdem nur spekulieren, zumal bürgerliche Männlichkeitskonstruktionen ebenso heterogen wie in sich ambivalent waren (vgl. Kessel 2004). Zudem pries die aufklärerische Pädagogik jener Tage zwar einerseits elterliche Zuneigung, warnte aber andererseits vor einer Verzärtelung der Kinder. Dabei war dem Pädagogen Joachim Heinrich Campe vor allem die »Empfindeley« des Mannes ein Graus (Campe 1779: 42), auch weil er als vernunftorientierte Kontrollinstanz moralischen Familienlebens zu versagen drohte. Und Hamburger Bekannte von Ferdinand Beneke wussten über das mit Akribie geführte Tagebuch nicht nur Bescheid, sondern gingen dazu auf Distanz. Beneke, notierte der Diplomat Johann Georg Rist, konnte »manchen Anstoß geben und sogar oft verkehrt und komisch erscheinen«, da er »mehr wie die meisten, in und mit sich selbst lebte« und seine »mit seltener Gewissenhaftigkeit und einer bis auf das kleinste Detail sich erstreckenden Ausführlichkeit angestellten Selbstbeobachtungen« in ein mit »diplomatischer Genauigkeit« geführtes Tagebuch eintrage (Johann Georg Rists Lebenserinnerungen

1880, Bd. 2: 41 f.). Gleichwohl bleibt als Befund festzuhalten, dass »Vaterliebe« einen Bestandteil bürgerlicher Vaterdiskurse um 1800 bildete, wobei diese Vaterliebe physische Nähe und Liebkosung einschloss und als solche zu einem Topos bürgerlicher Selbstbeschreibung avancieren konnte.

Die leiblose Liebe. Die Vergeistigung des Vaterherzens im 19. Jahrhundert

Öffentlichen Inszenierungen und Lobpreisungen des zärtlich-kontaktfreudigen Vaterleibes wurde im Verlauf des 19. Jahrhunderts immer mehr Raum entzogen, obwohl es sie durchaus noch gab. 1875 berichtete ein Mann in der bürgerlichen Familienzeitschrift *Die Gartenlaube* über jene »Erlebnisse und Empfindungen«, die ihm sein kleiner Sohn bereite. Er gestand, die »erste Träne« des Neugeborenen »geschlürft« und ein Büchlein »gewissenhaftest beobachtender Vaterliebe« verfasst zu haben. Freilich sah er sich in einer Minderheitenposition. Die meisten Bürger, so erklärte der *coram publico* liebende Vater, der gleichwohl anonym bleiben wollte, würden »in der Zerstreutheit der Geschäfte, die heutigen Tages den Mann nur zu sehr in Anspruch nehmen, oft nicht die Muße und die offene Stimmung finden, ihr eigenes Glück zu genießen und das Leben des Kindes mitzuleben« (Anonymus 1875: 822 f.). Besonders plastisch wurden Bürger als Väter auf Familienporträts an den Rand gedrängt. Während bürgerliche Männer bei bildlichen Darstellungen um 1800 oft im Zentrum platziert waren und ihre Kinder berührten oder manchmal sogar einen Säugling auf dem Arm trugen (vgl. etwa Lorenz 1985: Abb. 16 u. 17), stand schon wenige Dekaden später typischerweise die zärtlich ausgemalte Mutter-Kind-Symbiose im Zentrum. Der Vater wiederum wahrte nun körperlichen Abstand, er hielt in den Händen eher Arbeitsutensilien als den Nachwuchs. Und manchmal wurde er sogar durch einen (Schreib-)Tisch vom Familien»kern« getrennt (vgl. etwa Lorenz 1985: Abb. 28, 45, 51, 72).

In welchem Maße die in solchen Bildern anklingende Dynamisierung der Berufswelt bürgerliche Männer tatsächlich aus der Familie katapultierte und im buchstäblichen Sinne von ihren Kindern entfernte, ist freilich unklar. Die Forschung betont einerseits den Wandel bürgerlichen Familienlebens im Verlauf des 19. Jahrhunderts, der von sozioökonomischen Tendenzen wie unter anderem der Industrialisierung ebenso voran getrieben wurde wie von der Radikalisierung des bürgerlichen Berufsethos. Auch das Schulwesen, das nicht zuletzt den Vater von intellektuellen Erziehungsaufgaben entlastete, sowie die stärker auf Disziplin setzenden Erziehungspraktiken veränderten Eltern-Kind-Beziehungen. An der Schnittstelle dieser Tendenzen stand die sich verfestigende Ausdifferenzierung der Erziehungsrollen, wobei dem Vater primär die Rolle eines fern der Familie agierenden Ernährers, der Mutter die Kindererziehung zukam (vgl. Budde 1994; Trepp 1996: 212 f. u. 321). Andererseits ist möglich, dass Bürgerliche auch in Zeiten immenser beruflicher Belastung den Kontakt zu ihren Sprösslingen suchten, wie es etwa für die englische Geschichte bereits gezeigt worden ist. Zärtlicher Umgang zwischen Vater und Kind war dort allerdings nicht mehr Teil alltäglicher Erziehungspflichten, sondern stand ganz im Dienste väterlicher Rekreation (vgl. Tosh 1999 sowie den Forschungsüberblick von van Rahden 2000).

Auf der Ebene öffentlicher Deutungen von Väterlichkeit ist neben dem Wandel von Männlichkeitsidealen, etwa der Militarisierung, zunächst der pädagogisch-medizinische Diskurs zu beachten. Ganz in der Linie einer »Polarisierung der ›Geschlechtscharaktere‹« (Karin Hausen), die Rationalität und Aktivität als typisch männlich, Emotionalität und Passivität als typisch weiblich fassten, glorifizierten Erziehungsratgeber Mutterliebe als universalen Trieb, der sich in der Körperpraxis des Stillens materialisierte – Väter dagegen waren immer seltener Adressaten der pädagogischen Literatur (vgl. Schütze 1988). An der Wende zum 20. Jahrhunderts wurde der sich dem Säugling nähernde Mann mitunter sogar als Bedrohung für das Kindeswohl interpretiert. Zwar könne man, so ein Ratgeber von 1919, dem Vater ein »gewisses Recht nicht absprechen, sein Kind gelegentlich zu sehen«, aber der Kontakt zu Erwachsenen sei auf ein Mindestmaß zu beschränken. Als Hintergrund wird unter anderem die Sorge vor »Krankheitskeimen« genannt, die ein kranker Mensch im Kinderzimmer wie ein »wandelnder Seuchenherd« verbreite (Müller 1919: 63). Entscheidend ist: Selbst der verheiratete Mann, der mit Frau und Kind unter einem Dach lebte, sollte seinen Nachwuchs nicht mehr notwendig zum Küssen in die Hände bekommen.

Neben pädagogischen und medizinischen Diskursen ist der zeitgenössische Gefühlsdiskurs erhellend, der bislang kaum auf die Geschichte bürgerlicher Vaterkörper bezogen wurde (vgl. allgemein zur Beziehung von Emotionen- und Körpergeschichte zuletzt Eitler/Scheer 2009). Auch vor dem Hintergrund eines spezifischen Verständnisses von Körperlichkeit unterschieden bürgerliche Denker zwischen solchen Gefühlen, die unmittelbar im Leib und solchen, die eher im Geist verankert schienen. Mutterliebe und Vaterliebe, welche das Adelungsche Wörterbuch im ausgehenden 18. Jahrhunderts noch als wesensgemäß gleiche Gefühle gefasst hatte, die beide auf die Liebe der Eltern zu den Kindern verwiesen (Adelung 1801: 345 u. 978), scheinen jedenfalls entlang dieses Musters eine hierarchische Polarisierung erfahren zu haben. Diese noch sehr vorläufige Hypothese lässt sich anhand des zeitgenössischen Bestsellers *Das Mutterrecht* des Altertumswissenschaftlers Johann Jakob Bachofen veranschaulichen, der in Erstausgabe 1861 erschienen war. »Mutterliebe«, verstanden als reziproke Liebe zwischen Mutter und Kind, galt Bachofen als eine »geheimnisvolle Macht, welche alle Wesen der irdischen Schöpfung gleichmäßig« durchdringe und immer schon dagewesen sei – selbst auf »den düstersten Stufen des menschlichen Daseins«. Die Natürlichkeit der Mutterliebe wurde unmittelbar mit ihrem körperlichen Gehalt, ihrer angeblichen Stofflichkeit, verbunden. In der »Pflege der Leibesfrucht«, so Bachofen, »lernt das Weib früher als der Mann seine liebende Sorge über die Grenzen des eigenen Ich auf andere Wesen erstrecken«. Die Liebe zwischen einem Vater und seinen Kindern dagegen war Bachofen zufolge keine Universalie, sondern kulturelle Errungenschaft der Moderne. Die »innige Verbindung des Kindes mit dem Vater« interpretierte er als Ergebnis eines historischen Prozesses und als Spezifikum seiner eigenen Zeit von angeblich höherer Geistigkeit. Sie bedürfe »einen weit höhern Grad moralischer Entwicklung« (Bachofen 1975: 12). Und sie benötigte den Körper offenbar weder als Resonanzboden noch als Ausdrucksfläche. Das für das 19. Jahrhundert typische *gendering* der Gefühle zeigt sich daher auch in der »Vergeistigung« des bürgerlichen Deutungsmusters Vaterliebe, dem die Mutterliebe als niederes und stärker leibliches Gefühl zur Seite gestellt wurde.

Obwohl die Sozial- und Kulturwissenschaften den anwesenden Vater inzwischen als Gegenstand entdeckt haben, das ist abschließend festzuhalten, wissen wir über die körperlich hergestellte oder beglaubigte Liebe zwischen Vater und Kind als Leitbild, Praxis oder Erfahrung sehr wenig (vgl. allerdings Dermott 2008). Das ist auch das Ergebnis eines historischen Prozesses, denn um 1800 interessierten sich bürgerliche Pädagogen noch für mütterliche *und* väterliche Gefühle, die beide mit dem Leib verbunden wurden. Im Verlauf des 19. Jahrhunderts entwickelte sich väterliche Liebe jedoch immer mehr zu einem Konzept, das keines körperlichen Fundaments oder Ausdrucks zu bedürfen schien. Psychoanalyse und Familiensoziologie des 20. Jahrhunderts haben diese Tendenz mit unterschiedlichen Akzenten fortgeschrieben. Eine Mutter, so Erich Fromm, gebe dem Kind das Gefühl der Geborgenheit; ihre Liebe sei bedingungslos, denn angefangen mit der körperlichen Erfahrung der Geburt und des Stillens bestehe eine exklusive und unzerstörbare Bindung zwischen Frau und Kind. Väterliche Liebe dagegen erscheint bei Fromm als gleichsam denkendes Gefühl, das an die geistig-moralische Entwicklung des Kindes gebunden ist – und daher bei Fehlverhalten verloren gehe oder gar nicht erst aufkomme (vgl. Fromm 1990: 49-57; 60-54). Der Zärtlichkeit spendende oder sich nach Zärtlichkeit sehnende Vaterleib hat in diesem Modell ebenso wenig Platz wie in dem berühmten Interpretament Talcott Parsons, in der modernen Familie nehme die Mutter eine »expressive«, der Vater dagegen eine »instrumentelle« Führungsrolle ein (Parsons 1955: 51). Auch vor dem Hintergrund solcher Blindstellen kann sich der liebevolle Vaterleib gegenwärtig als angeblich »neuer Vater« präsentieren. Und umso machtvoller betritt er nun die öffentliche Bühne.

Quellen- und Literaturverzeichnis

Adelung, Johann Christoph (1801): *Grammatisch-kritisches Wörterbuch der Hochdeutschen Mundart*, 4. Theil. Leipzig: Johann Gottlob Immanuel Breitkopf und Compagnie.

Anonymus (1875): Die drei ersten Jahre eines Kindes. Vorabdruck aus: Das Kind. Tagebuch eines Vaters. In: *Die Gartenlaube*, 822-824.

Bachofen, Johann Jakob (1975): *Das Mutterrecht. Eine Untersuchung über die Gynaikokratie der alten Welt nach ihrer religiösen und rechtlichen Natur* (1861), Auswahl hg. v. Hans-Jürgen Heinrichs. Frankfurt a. M.: Suhrkamp.

Beneke, Ferdinand (1792-1848): *Tagebuch* (unveröffentlicht). Staatsarchiv Hamburg, Bestand 622-1, Familienarchive, Beneke C2, 26 Mappen, Tagebuch mit Briefen, Gedichten, Skizzen und anderen Einlagen von Ferdinand Beneke.

Budde, Gunilla-Friederike (1994): *Auf dem Weg ins Bürgerleben. Kindheit und Erziehung in deutschen und englischen Bürgerfamilien 1840-1914*. Göttingen: Vandenhoeck & Ruprecht.

Dermott, Esther (2008): *Intimate Fatherhood. A Sociological Analysis*. London/New York: Routledge.

dpa (Deutsche Presse Agentur): Kampagne gegen Internetsucht startet. In: *Berliner Zeitung*, 21. Januar 2010, 21.

Campe, Joachim Heinrich (1779): *Ueber Empfindsamkeit und Empfindelei in pädagogischer Hinsicht*. Hamburg: Herold.

Eitler, Pascal und Monique Scheer (2009): Emotionengeschichte als Körpergeschichte. Eine heuristische Perspektive auf religiöse Konversionen im 19. und 20. Jahrhundert. In: *Geschichte und Gesellschaft* 35, 282-313.

Fromm, Erich (1990): *Die Kunst des Liebens*. Frankfurt a. M./Berlin: Ullstein.

Johann Georg Rists Lebenserinnerungen (1880), hg. v. Gustav Poel, 3 Bde. Gotha: Perthes.

Kessel, Martina (2004): Heterogene Männlichkeit. Skizzen zur gegenwärtigen Geschlechterforschung. In: Jaeger, Friedrich und Jörn Rüsen (Hg.), *Handbuch der Kulturwissenschaften*, Bd. 3. Stuttgart: Metzler, 372-384.

Lorenz, Angelika (1985): *Das deutsche Familienbild in der Malerei des 19. Jahrhunderts*. Darmstadt: Wissenschaftliche Buchgesellschaft.

Müller, Erich (1919): *Briefe an eine Mutter, Ratschläge für die Ernährung von Mutter und Kind, sowie die Pflege und Erziehung des Kindes*. Stuttgart: Enke.

Opitz, Claudia (1998): Wandel der Vaterrolle in der Aufklärung. In: Joachim Küchenhoff (Hg.): *Familienstrukturen im Wandel*. Basel: F. Reinhardt, 13-32.

Parsons, Talcott (1998): Family Structure and the Socialization of the Child (1956). In: ders. und Robert F. Bales: *Family Socialization and Interaction Process*. London: Routledge, 35-131.

Rahden, Till van (2000): Vaterschaft, Männlichkeit und private Räume. Neue Perspektiven zur Geschlechtergeschichte des 19. Jahrhunderts. In: *Österreichische Zeitschrift für Geschichtswissenschaften* 11, 147-156.

Schütze, Yvonne (1988): Mutterliebe – Vaterliebe. Elternrollen in der bürgerlichen Familie des 19. Jahrhunderts. In: Ute Frevert (Hg.): *Bürgerinnen und Bürger. Geschlechterverhältnisse im 19. Jahrhundert*. Göttingen: Vandenhoeck & Ruprecht, 118-133.

Sørensen, Bengt Algot (1984): *Herrschaft und Zärtlichkeit. Der Patriarchalismus und das Drama im 18. Jahrhundert*. München: C. H. Beck.

Tosh, John (1999): *A Man's Place. Masculinity and the Middle-Class Home in Victorian England*. New Haven, CT: Yale University Press.

Trepp, Anne-Charlott (1996): *Sanfte Männlichkeit und selbständige Weiblichkeit. Frauen und Männer im Hamburger Bürgertum zwischen 1770 und 1840.* Göttingen: Vandenhoeck & Ruprecht.

Empathie und Schock: Effekte von Totenfotografien

KATHARINA SYKORA

Der Tod ist ein »großer Generator von Angst«. Gegen ihn »wird alles aufgeboten, was die Menschen an intelligentem Vermögen und technischen Fertigkeiten zur Verfügung haben« (Böhme 2009: 173). Zu diesen Fertigkeiten gehört seit ihrer Erfindung auch die Fotografie. Sie ist jedoch historisch, kulturell und situativ in komplexe soziale Verfahren eingebettet, die den Umgang mit dem Tod sehr unterschiedlich strukturieren. So kann sie zur Akzeptanz des Todes beitragen, indem sie sich in die Trauer- und Erinnerungsriten westlicher Bestattungsbräuche einfügt. Sie kann aber auch als Schockbild dienen, mit dem die Toten ausgegrenzt werden.

Betrachten wir beide Facetten von Totenfotografien, stellt sich die Frage, welche Emotionen sie evozieren und wie die Fotografien den Affekthaushalt der BetrachterInnen regulieren. Im Folgenden sollen beispielhaft zwei Gruppen derartiger Fotos genauer untersucht werden. Bei der ersten Gruppe handelt es sich um traditionelle Aufbahrungsfotos, exemplarisch betrachtet am Beispiel von Totenfotografien junger Frauen. Diese beabsichtigen eine visuelle Einbindung der Verstorbenen in die Gemeinschaft der Hinterbliebenen. Sie setzen den integren Körper der Toten in Szene, um ihn einer visuellen *rite de passage* zuzuführen, die den Leichnam vom Auslöser der Bestürzung und Trauer zum Objekt der Memoria macht. Die zweite Gruppe bilden Polizeifotos aus der Pariser Polizeipräfektur. Sie versuchen, hingerichtete Verbrecher posthum aus der Zivilgesellschaft zu eliminieren, indem sie demonstrativ deren zerstörte Körper vorzeigen.

Das Zerstörungswerk des Todes an den Körpern von jungen Frauen provoziert in den westlichen Kulturen von jeher eine besondere Sorgfalt bei der Ausstattung ihres Leichnams. Seit Beginn des fotografischen Zeitalters spiegelt sich dies in ihren Aufbahrungsfotos. Durch die Darbietung der Toten »wie schlafend« wird ihre Jugend und Schönheit verewigt. Als Garantin eines genealogischen

Fortlebens der Gemeinschaft wird die jung verstorbene Frau zugleich Gegenstand besonderer Trauerbezeugungen. Diese akzentuieren ihren Verlust, um ihn im selben Zuge in eine kollektive Memoria umzulenken.

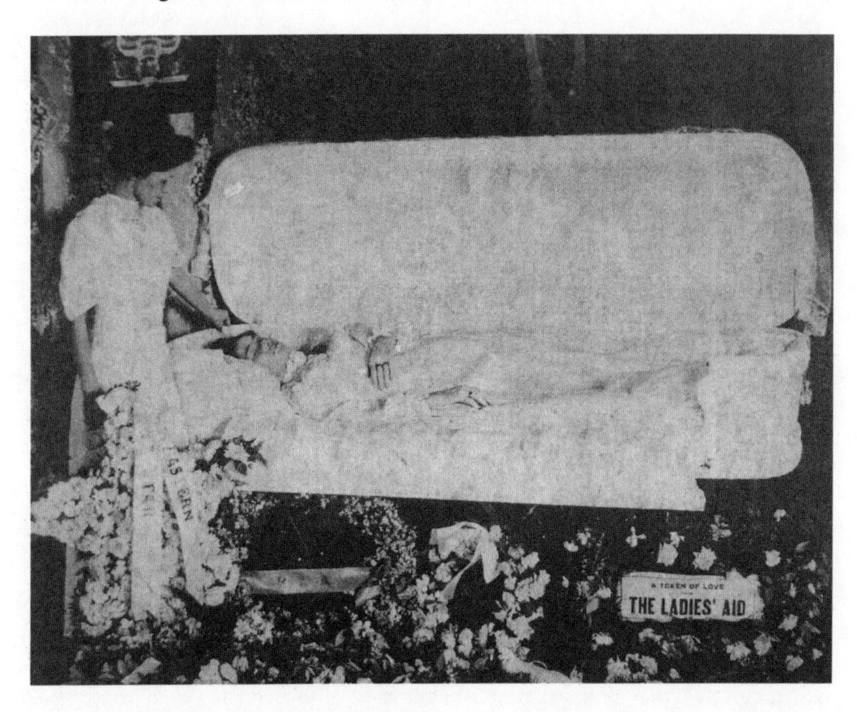

Abb. 1: Aufgebahrte junge Frau, Mitglied der Eastern Star, USA, ca. 1899.

So werden junge weibliche Tote häufig in Weiß, die Farbe der Reinheit und Unschuld, gekleidet. Im letzten Drittel des 19. Jahrhunderts bürgert sich zudem ein, ihnen einen Strauß Blumen in die Hand zu drücken. Und gegen die Jahrhundertwende finden sich immer mehr Beispiele, in denen ihnen frische Kränze ins Haar gewunden werden. Zudem vermehrt sich bei Aufbahrungen seit den 1880er Jahren der Blumenaufwand, mit dem das Totenbett oder der Sarg umgeben sind. Der frische Blumenschmuck übernahm dabei attributive Funktionen. In katholischen Kontexten wurde die weiße Iris als Marienblume bei jung verstorbenen Frauen eingesetzt, um ihre Unbeflecktheit zu signalisieren.

Die Begeisterung, die sich seit dem ausgehenden 19. Jahrhundert für frisch geschnittene Blumen entwickelte, brachte aber auch die übergeordnete Symbolik eines abrupten, vorzeitigen Todes hervor. Der Schnitt zwischen Leben und Tod wird hier rituell wiederholt, indem man die Geste des »Sensenmanns« nachvollzieht, mit der er junge Menschen in der Blüte ihres Lebens dahinrafft. Das ruft die moderne Vorstellung vom biologischen Tod als harter Zäsur auf. Denn gerade bei jungen Frauen wurde der Tod immer weniger als Vorsehung und Erlösung, sondern als gewaltsamer Bruch eines Lebensablaufs empfunden, der

Reproduktion versprach. Die Symbolik der Schnittblume lässt somit neben der christlichen Ikonografie der Unschuld auch eine säkulare Tendenz einfließen, die der Verstörung der Hinterbliebenen Ausdruck verlieh. Dies war aber nicht die einzige Funktion des floralen Schmucks. Vielmehr verklärt er das vorzeitige Sterben der Mädchen zugleich romantisch als »natürlichen Tod«. Inmitten des Blumenmeers werden die Toten wieder in den Naturkreislauf eingebettet. Dadurch wird die junge Frau in ihrem Status als schöne, da »natürliche« Leiche bestätigt. Außerdem mildern die Blumen den visuellen Entzug der Toten. Denn diese sind zwar im floralen Dekor entrückt, dem Blick aber nicht ganz entzogen. Im Gegenteil: Ihr ästhetischer Schauwert wird durch die Ausschmückung erhöht. Der Brauch des opulenten Blumenschmucks kann so als Teil eines Naturkultes gelten, dem auch die »Natur des Weiblichen« subsumiert wird (Bronfen 1994, 2006).

Abb. 2: James Thomas Moss am Sarg seiner Frau, Carterville/Mass., Mai 1916.

Was aber bedeutet es, wenn neben den Toten auch die Trauernden ins fotografische Bild treten? Und wie wirkt sich dies auf die emotionale Gestimmtheit der Betrachtenden aus?

Das Aufbahrungsfoto der im Mai 1916 jung verstorbenen Etta Moss folgt dem Prinzip der »sleeping beauty« und kombiniert es mit der sentimentalen Trauerhaltung des Ehemanns. Im klassischen Melancholiegestus, das Kinn auf die Hand gestützt, den Blick auf die Bibel gesenkt, sitzt er vor dem weißen Sarg.

Der Beschriftung zufolge fand die Aufbahrung im repräsentativen Empfangsraum im Haus der Verstorbenen statt. Die reich tapezierten Wände mit Bilderschmuck und die Geräumigkeit des Salons zeugen von einem großbürgerlichen Ambiente. Was auch an diesem Foto ins Auge fällt, ist der überwältigende Blumenschmuck, in dem die Tote fast untergeht und vor dem auch der Gatte optisch zurücktritt. Viele der floralen Gestelle und Buketts tragen Bänder, mit denen die Besucher ihre Geschenke versehen haben. Das Blumenmeer steht solchermaßen für die indirekte Präsenz der mittrauernden Nachbarn, Freunde und Verwandten. Durch deren Blumengaben ist die Tote nicht nur symbolisch in den Kreislauf der Natur eingebettet, sondern ruht im übertragenen Sinn auch im Schoße der Gemeinschaft.

Diese Eingemeindungsgeste erweitert sich innerbildlich durch eine historische und mediale Dimension, insofern an den Wänden Fotografien älterer und jüngerer Familienangehöriger zu sehen sind. Der synchronen Einbettung in das soziale Gefüge der Trauernden wird die diachrone Anknüpfung an die Familiengenealogie zur Seite gestellt. Die Aufbahrungsfotografie ermöglicht bei den Betrachtenden so eine Verschiebung von der Trauer zur Erinnerung.

Dazu trägt auch die Blicklenkung bei, wenn Trauernde auf Aufbahrungsfotos zugegen sind. Durch sie verlagert sich die Aufmerksamkeit vom Leichnam auf seine Assistenzfiguren. Diese aber werden für die Betrachtenden zu Modellen eines angemessenen emotionalen Verhältnisses zu den Toten. Die Postmortemfotografie gewinnt hier belehrende Züge, indem sie demonstrativ Gefühlsvorgaben bietet. Dadurch ist sie nicht nur Mitteilung der individuellen Trauer der Hinterbliebenen, sondern auch Agent ihrer Kollektivierung im Gedächtnis der Gemeinschaft. Das Gegenteil verfolgen fotografische Aufnahmen toter Verbrecher. Im Gegensatz zur Aufbahrungsfotografie sind Postmortemfotografien von Kriminellen in eine andere Bildpolitik eingespannt. Hier geht es weniger um die empathische Betrachteransprache und kollektive Umlenkung von Verstörung in Trauer und Erinnerung, sondern um die posthume Bestrafung der Delinquenten in effigies. Dazu wird ein fotografisches Schauspiel in Szene gesetzt, das den integralen, erfassten Körper des Kriminellen in einen irreversibel zerstörten Körper nach der Exekution verwandelt. Die Fotografie wird dabei zur Komplizin des Henkers und der Guillotine.

Im Juni 1908 waren 27 Männer und Frauen im französischen Saint-Omer angeklagt, zahlreiche Raubüberfälle und Tötungsdelikte verübt zu haben. Die vier Hauptangeklagten wurden zum Tod durch die Guillotine verurteilt; ihre Hinrichtung vollzog am 11. Januar 1909 der damals amtierende Oberste Scharfrichter Frankreichs, Anatole Deibler. Deibler, der das Amt seit 1898 ausübte, hat seine Arbeit jahrzehntelang fotografisch dokumentiert und die Ergebnisse dem Pariser Polizeipräfekten übergeben. Die von ihm geschaffene visuelle Ordnung weist Ähnlichkeiten mit Systematiken der Erfassungsfotografie und der anatomischen Fotografie auf. So gehören zum jeweiligen Set Fotos der noch lebenden Todeskandidaten, aber auch Fotos, die unmittelbar nach der Hinrichtung entstanden. Zu diesem Zweck wurden die Leichen vom Schafott direkt in das nächstgelegene

Hospital gebracht und in der dortigen Anatomie fotografiert. Anatole Deibler stellt so eine Situation her, in der die Exekutierten zu einem sehr frühen postmortalen Zeitpunkt fotografiert werden können. Der zeitliche Abstand zwischen Exekution und Fotografie wurde oftmals auf den Fotos notiert, er betrug meist nicht mehr als zehn bis fünfzehn Minuten. Zwei Sorten von Aufnahmen produzierte Deibler in den anatomischen Hallen: Die einen zeigen den Kopf der Hingerichteten auf einer Platte aufgerichtet, die anderen den nackten Körper auf dem Seziertisch, wobei oftmals Rumpf und Kopf mit deutlichem räumlichen Abstand voneinander platziert sind.

Abb. 3-4: Zwei Postkarten: Auguste und Abel Pollet, Frankreich 1908/09

Betrachtet man ein solches fotografisches Ensemble, so scheinen sich die Porträtfotos der Verbrecher vor der Exekution und ihre Nahaufnahmen als Geköpfte zunächst zu ähneln. Im Fall der Polletbande sehen wir die Verbrecher jeweils vor neutralem Hintergrund. Dadurch konzentriert sich der Betrachterblick auf die Gesichter. Die Unterschriften, die die Fotografierten namentlich identifizieren, fördern den physiognomischen Vergleich, der die Identität der Verbrecher vor und nach der Exekution bestätigen soll. Gerade dieser vergleichenden Wahrnehmung erschließen sich jedoch auch die Unterschiede. Und um die ging es Deibler in erster Linie.

Blicken die Delinquenten auf den Lebendfotos selbstbewusst in die Kamera und sind durch Hut, Kleidung und Barttracht als Individuen gezeigt, werden diese Charakteristika in den Postmortemfotografien demonstrativ ausgelöscht. Obwohl die Abzüge von gleichem Format und Material sind, bringt die Wendung von der Vertikalen in die Horizontale einen Perspektivwechsel mit sich, der die Köpfe zu Objekten macht. Die Enthaupteten erhalten keinen eigenen fotografischen Raum mehr.

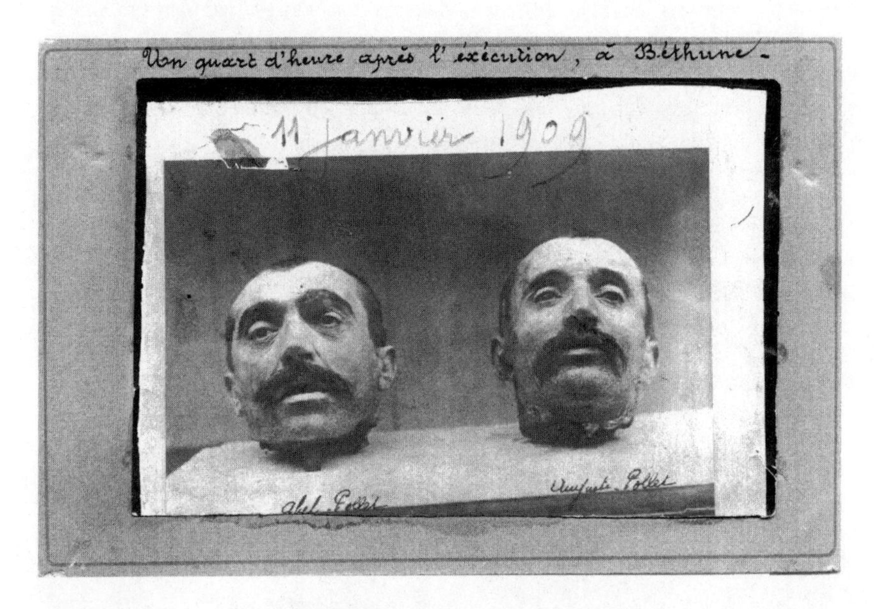

Abb. 5: Postkarte mit den Köpfen von Abel und Auguste Pollet auf dem Anatomietisch, Frankreich 1909.

Die Köpfe der Polletbrüder sind so eng nebeneinander platziert, wie es anatomisch unmöglich wäre, besäßen sie noch einen Körper. Sie werden so als Körperfragmente charakterisiert. Dies wird durch die leicht nach hinten gekippte Position der Köpfe unterstrichen, die deutlich den dunklen Schnitt am Hals sichtbar macht. Darüberhinaus wird die Fragmentierung mithilfe der fotografischen Untersicht akzentuiert, welche die Kante der Tischplatte und das gähnende Schwarz darunter zum Vorschein kommen lässt.

War in der Porträtfotografie noch eine imaginäre Ergänzung der Verbrecherkörper zu einer ganzen Gestalt möglich, so wird mit diesem Blick unter den Seziertisch die Trennung von Kopf und Körper, wie ihn die Guillotine vollzog, fotografisch bekräftigt. Indem die Köpfe als wissenschaftliche Präparate für einen kriminologisch-medizinischen Blick in Szene gesetzt sind, hat man ihnen jeden bürgerlichen Pietätsbeweis entzogen. So sind auch Augen und Mund der Geköpften meist noch offen oder nur halb geschlossen. Da dieser Anblick nicht zufällig, sondern vorsätzlich gewählt ist, verweigern die Anatomiefotos den Guillotinierten post mortem demonstrativ den Status eines bürgerlichen Subjekts. Diese Verweigerung traditioneller Totenehrung steigert sich in Aufnahmen, die die Enthaupteten nackt auf dem Seziertisch zeigen und den räumlichen Kontext der

Anatomie kenntlich machen. Auch hier wird Wert darauf gelegt, dass der Betrachterblick auf den Schnitt am Hals der Toten fällt. Der in ein Tuch gewickelte Kopf am Boden unter dem Tisch ist wie ein zu entsorgender Gegenstand verstaut. Die Distanz von Haupt und Körper könnte drastischer nicht sein: Gesichtslos und ohne Blick ist der Kopf nur noch Abfall.

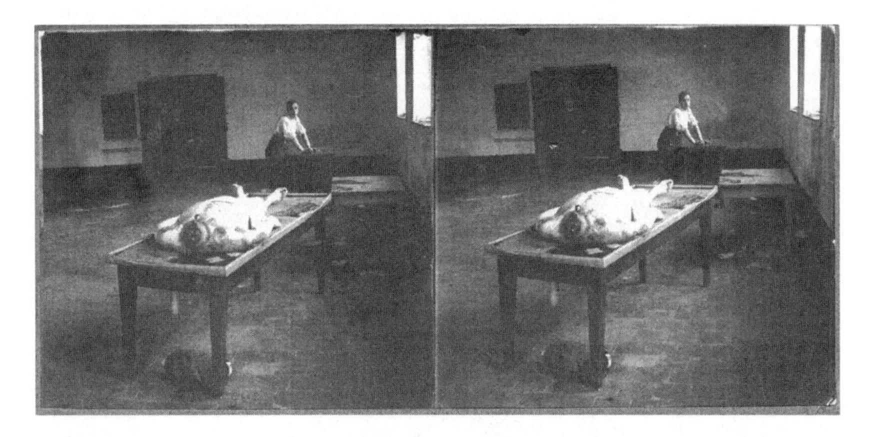

Abb. 6: Stereoskopaufnahme des Körpers des Mitglieds der Polletbande Froment-Canut auf dem Anatomietisch, Frankreich 1909.

Anatole Deibler stellt mit diesen Fotos das Schauspiel der Guillotinierung nach. Dabei kondensiert er die Etappen des Hinrichtungstheaters in wenigen Bildern und stellt sie auf Dauer. Doch welches Skript liegt diesem fotografischen Theater zugrunde? Wer sind die Hauptakteure? Und welche Rolle spielt das Medium der Fotografie für die emotionale Adressierung der Betrachtenden?

Die Fotosequenz stellt den Akt der Exekution zunächst als narrative Anordnung dar. Die Tötungsart durch die Guillotine gewinnt dabei spezifische Bedeutung. Als egalisierendes Instrument kam sie während der Französischen Revolution in besonderer Weise zur Anwendung. Im Zuge der Schreckensherrschaft fanden tausende Opfer der Französischen Revolution, unter ihnen auch der König und die Königin, durch sie den Tod. Die Guillotine war dadurch eine besondere Tötungsmaschine geworden. Einerseits sollte sie im Lichte der Aufklärung die mittelalterlichen und frühneuzeitlichen Strafrituale ablösen, die nicht exakt zwischen lebendigem und totem Körper unterschieden. Andererseits übernahm sie deren Funktion und Symbolkraft. So brachte der harte Schnitt, mit dem die Guillotine den Kopf vom Rumpf trennte, die irreversible Zerstörung des vormals integralen Körpers hervor und vollzog vor aller Augen die symbolische Vergeltung einer in ihren Normen verletzten Gesellschaft.

Die zeitliche Reduktion des Tötungsspektakels von einem langen und ausdifferenzierten Schauprozess auf einen blitzartigen Augenblick bedurfte jedoch einer eigenen Dramaturgie des Zeigens, damit die Öffentlichkeit Anteil nehmen und die Tötung verifizieren konnte. Hierzu diente das Schauspiel der *ostentatio*, in dem der Henker in seiner wichtigsten Rolle auftritt. Um nämlich seinen im Bruchteil einer Sekunde verschwindenden Tötungsakt sichtbar werden zu lassen, bürgerte sich ein, dass der Scharfrichter den Kopf des Getöteten in die Höhe hob und der anwesenden Menge zeigte.

Vielfach ist auf die Parallele der *ostentatio* zur mythischen Geste des Perseus hingewiesen worden, der den Betrachtern das abgeschlagene Haupt der Medusa entgegenstreckt, und dies ist zudem im Zusammenhang mit der Hinrichtung Ludwigs XVI. erörtert worden (Arasse 1988; Kristeva 1998; Krüger 2006). Demnach fand im Massenspektakel der Guillotinierung des Königs und der Demonstration seines abgeschlagenen Hauptes ein symbolischer Kräftetransfer statt. So zerstört der Henker die Macht des Königs durch die Zerstückelung seines Körpers, usurpiert die Macht des Souveräns jedoch zugleich durch die Inbesitznahme seines Hauptes. Die Hinrichtung Ludwigs XVI. löschte daher nicht nur die Monarchie aus, sondern aus diesem Akt entsprang zugleich der Gründungsmythos der französischen Republik. In jeder Guillotinierung schwingt so auch nach der Französischen Revolution die Exkulpierung einer überwundenen Ordnung des Bösen und die Inauguration der neuen Ordnung bürgerlicher Gerechtigkeit mit.

Wie treten diese Bedeutungsebenen nun in den von Anatole Deibler angelegten Fotokonvoluten in Erscheinung? Da sind zum einen die Aufnahmen der Körper in der Anatomie, die den Akzent demonstrativ auf die Schnittstelle am Hals richten und die Trennung von Kopf und Körper in Szene setzen. Im Abstand zwischen Rumpf und Haupt wird so der Akt der Guillotinierung nachgestellt. Durch die räumliche Erweiterung der Zäsur zwischen Kopf und Körper wird in der Wahrnehmung der Fotos zugleich der winzige Augenblick, in dem das Fallbeil den Hals durchtrennte, zeitlich gedehnt und auf Dauer gestellt. Dies aber macht den infinitesimalen Moment zwischen Leben und Tod für das Auge der Betrachtenden erst sichtbar. Sie können so den vollzogenen Akt der Tötung bei jedem Anblick der Fotos aufs Neue bestätigen.

Die Nahaufnahmen der frontal aufgepflanzten Köpfe erfüllen zudem die Aufgabe der *ostentatio*. Der Scharfrichter Deibler hält sie uns gleichsam direkt entgegen. Die Trennung von Kopf und Leib wird hier in komplexer Weise »nachgespielt«. So weisen die Close ups der Köpfe keine Spur der Körper mehr auf, im Gegenteil, der leere Raum um sie wird akzentuiert. Die Körper der Enthaupteten sind jenseits der Bildgrenze verblieben. Der fotografische Ausschnitt hat somit die Trennung von Leib und Haupt ein zweites Mal vollzogen und vor unseren Augen die Wandlung von einem »Bildnis der Person in ein Bildzeichen ihrer Auslöschung« bewirkt (Krüger 2006: 200).

Diese Transformation der Verbrecherköpfe in Embleme des Todes zeichnet Deibler jedoch nicht nur in der Anordnung der toten Körper nach, er führt diese Verwandlung auch theatral auf, indem er im Wechsel von den Erfassungsfotos zu den Postmortemfotografien um den unsichtbaren Nullpunkt der Tötung herum die Erzählung vom Umschlag eines Vorher in ein Nachher entfaltet. Und er indiziert die Metamorphose auch medial, indem er den Index des Fotografischen betont, als wolle er den Akt der Tötung durch den Fingerzeig »Das da ist gewesen« verstärken. Indem diese Fotos den Körper des Verbrechers also demonstrativ vom Gesellschaftskörper des bürgerlichen Kollektivs trennen, zeigen sie uns ein modernes Haupt der Medusa, das sie zugleich vor unseren Augen im versiegelten Abzug der Fotografie bannen. Der Schock, den ihr Anblick evoziert, ist daher nicht nur intendiert, sondern in subtiler Weise fotografisch inszeniert. Er bewirkt eine unwillkürliche Abwehr, die die soziale Ausstoßung der Verbrecher bei jeder Betrachtung auf Neue emotional hervorbringt.

Totenfotos in der Tradition der Aufbahrungsfotografie wie auch der kriminologischen Fotografie regulieren somit beide die Emotionen der Betrachtenden im Sinne der affektiven Gemeinschaftsbildung: einmal durch Inklusion der Toten und einmal durch ihre Exklusion. Die Gefühle angesichts von Totenfotografien sind zugleich äußerst stark und wirkmächtig, aktivieren und bestätigen sie doch bei jedem Blick die Macht der bürgerlichen Gesellschaft. Ob wir Mitleid spüren oder abgestoßen sind, setzt uns qua Affekt in die Rolle des Richters, der über die Einbindung oder Ausgrenzung der Toten ins Kollektiv entscheidet, wie auch des Henkers, der dieses Urteil vollstreckt.[1]

Literatur

Arasse, Daniel (1988): *Die Guillotine. Die Macht der Maschine und das Schauspiel der Gerechtigkeit.* Reinbek bei Hamburg: Rowohlt.

Böhme, Hartmut (2009): Vom phobos zur Angst. Zur Transformations- und Kulturgeschichte der Angst. In: Harbsmeier, Martin und Sebastian Möckel (Hg.): *Pathos Affekt Emotion. Transformation der Antike*. Frankfurt a. M.: Suhrkamp, 154-184.

Bronfen, Elisabeth (1994): *Nur über ihre Leiche. Tod, Weiblichkeit und Ästhetik.* München: Antje Kunstmann.

Bronfen, Elisabeth (2006): Die Sterblichkeit des Schönen. In: *Six Feet Under*, Ausst. Kat. Bielefeld/Leipzig: Kerber, 42-54.

Kristeva, Julia (1998): *Visions capitals*. Paris: Éditions de la Réunion des musées nationaux.

Krüger, Klaus (2006): Gesichter ohne Leib. Dispositive der gewesenen Präsenz. In: Sutor, Nicola und Erika Fischer-Lichte (Hg.): *Verklärte Körper. Ästhetiken der Transformation*. München: Wilhelm Fink, 182-222.

Sykora, Katharina (2009): *Die Tode der Fotografie I: Totenfotografie und ihr sozialer Gebrauch.* München: Wilhelm Fink.

1 Bei dem vorliegenden Aufsatz handelt es sich um die Weiterführung von Gedanken, die in Sykora 2009 publiziert sind.

Abbildungsnachweis

Abb. 1: Unbekannter Fotograf: Aufgebahrte junge Frau, Mitglied der von Damen geleiteten Hilfsorganisation Eastern Star, USA, ca. 1899. In: Stanley Burns: Sleeping Beauty II, New York 2002, Nr. 86. (Foto fotografiert von Stanley Burns).

Abb. 2: Unbekannter Fotograf: James Thomas Moss am Sarg seiner Frau Etta Moss, Carterville/Mass., Mai 1916. Ebd., Nr. 100. (Foto fotografiert von Stanley Burns).

Abb. 3-4: Unbekannter Fotograf: Auf Postkarten montierte Fotografien von Auguste und Abel Pollet. Frankreich 1908/09, Polizeipräfektur Paris. (Postkarten fotografiert von der Polizeipräfektur Paris).

Abb. 5: Unbekannter Fotograf: Postkarte mit den Köpfen von Abel und Auguste Pollet auf dem Anatomietisch, Frankreich 11.1.1909, Polizeipräfektur Paris. (Postkarte fotografiert von der Polizeipräfektur Paris).

Abb. 6: Unbekannter Fotograf: Stereoskopische Aufnahme des Mitglieds der Polletbande Froment-Canut auf dem Anatomietisch des Hospitals von Béthune. Frankreich 11.1.1909, Polizeipräfektur Paris. (Foto fotografiert von der Polizeipräfektur Paris).

Gefühlsblindheit oder von der Schwierigkeit, Gefühle wissenschaftlich zu erklären

MARIE-LUISE ANGERER

»Es ist nicht bequem, Gefühle wissenschaftlich zu bearbeiten«, hat Sigmund Freud einmal gemeint. Doch keine andere Disziplin hat sich so sehr mit den Gefühlen/Affekten, ihren Verdrängungen und Verschiebungen – wissenschaftlich – auseinandergesetzt wie die der Psychoanalyse. Heute beschäftigen sich Experten und Laien gleichermaßen mit ihnen und die einstmalige Sorge, zu gefühlsvoll und damit unvernünftig zu wirken, hat sich geradezu in einen Imperativ verkehrt: Fühle, also bist Du!

Zum 100. Jahrestag von Sigmund Freud in Amerika und zum 300. Geburtstag von Étienne de Silhouette veranstaltete die Mobile Akademie von und mit Hannah Hurtzig ihren mit »Am Schauplatz der Intimität« betitelten Jahrmarkt der Gefühle.[1] Dieser stellte Ärger, Gefühlsblindheit, Angst, Ekel, hymnische Verehrung, Nationalstolz, Neugier, Scham, unechte Gefühle u.a.m. zur Schau. Ausgangspunkt war der seit zwei Jahren arbeitende Forschungsverbund »Languages of Emotion«[2] an der Freien Universität Berlin, der die Zusammenhänge zwischen Emotionen und Zeichenpraktiken untersucht und hierfür wissenschaftliche Kompetenzen aus Disziplinen der Geistes- und Naturwissenschaften mit ihren jeweils eigenen Traditionen des Affektdenkens bündelt. Zwischen der Sprachbesessenheit der (post-)strukturalistischen Theorien und der Sprachvergessenheit der kognitiven Psychologie und neurobiologischen Hirn-Forschung wollte der Jahrmarkt nun eine Plattform von Experten, Künstlern und einem großen Publikum von Fachkollegen und Interessierten bilden, um die Schwierigkeit, die Leidenschaft, die Neugierde, Gefühle auszutauschen, aufzuführen, zu *performen*. So war ich eingeladen, als Autorin des Bandes »Vom Begehren nach dem Affekt« (2007),

1 Hebbel am Ufer (HAU), Berlin, 03.-05.12.2009.
2 www.languages-of-emotion.de, zuletzt besucht am 17.02.2010.

mich mit Dr. Isabella Heuser von der Charité über Alexithymie, Gefühlsblindheit, zu unterhalten. In einer groß angelegten Studie erforscht sie diese im Rahmen des Exzellenzclusters der FU Berlin.

In diesem Exzellenzcluster arbeiten Natur- und GeisteswissenschaftlerInnen gemeinsam an der Frage der Gefühle und ihrer disziplinären Grammatiken – mithilfe neuer Aufzeichnungsapparate und Theorieansätze, die sowohl dem mentalen als auch empirischen Aspekten von Gefühlen Rechnung tragen sollen. Nun hat Sigrid Weigel schon vor Jahren darauf aufmerksam gemacht, dass bei Unternehmungen der Neuro-Forschung nicht Gefühle, sondern Hirnaktivitäten gemessen werden, die dann als Gefühle interpretiert werden (vgl. Weigel 2005). Durchaus vergleichbar den ersten Untersuchungen zur Medienwirksamkeit in den 70er Jahren des zwanzigsten Jahrhunderts von Hertha Sturm und ihrem Team. Damals wurden Kinder untersucht, denen unterschiedliche Filme im Fernsehen vorgeführt wurden. Dabei stellten die Forscher fest, dass zwischen Wahrnehmung und Reaktion eine halbe Sekunde fehlte bzw. die Reaktion dem Gesehenen und Gehörten hinterher hinkte sowie in gewisser Weise auch falsch war: Die fröhliche Geschichte stimulierte die Kinder nicht fröhlich, sondern eher traurig und umgekehrt. Gemessen wurde dies an der Puls- und Herzfrequenz sowie an der Schweißproduktion der Fernsehzuschauer. Damals wurde diese Art von Medienforschung abfällig vom Gros der Fernseh- und Filmwissenschaft abgelehnt und diese Art empirischer Beweisführung als völlig inadäquat betrachtet (vgl. Angerer 2007). Heute hat sich das Blatt gedreht und die Medienforschung verweist stolz auf ihre neuro-kognitionspsychologischen Befunde (vgl. Grau/Keil 2005). Pointiert lässt sich zusammenfassen: Sind Sprache und Gefühl in der Psychoanalyse gegeneinander »verrutscht« (Lacan), braucht das Gefühl heute keine Sprache mehr und Bewusstsein wird als etwas verstanden, was dem Selbst eine Geschichte ohne Worte erzählt (Damasio).

Ich möchte im Folgenden exemplarische Kritiken vorstellen, wie sie seit Ende der 60er Jahre des vorigen Jahrhunderts gegen die basale Annahme Freuds, dass der Affekt nicht als sich selbst in Erscheinung treten kann, sondern nur seine Repräsentationen, formuliert worden sind. Damit wurde eine Entwicklung eingeleitet, die an ihrem vorläufigen Ende heute den Affekt als biologische Größe, die das Überleben in einer dem Menschen feindlichen oder fremden Umwelt regelt, entdeckt hat.

Affekt versus Trieb: Silvan Tomkins und André Green gegen die Psychoanalyse Freuds und Lacans

Das Werk des Psychologen Silvan Tomkins wurde erstmals mit der Publikation »Shame and its Sisters« (1995) von Eve Kosofsky Sedgwick und Adam Frank einem breiteren Publikum vorgestellt und leitete eine regelrechte affektive Wende innerhalb der *Cultural Studies* ein.

Silvan Tomkins hat seine Arbeit in den 50er/60er Jahren des vorigen Jahrhunderts in Yale und später in Princeton entwickelt, er hat eine psychoanalytische Behandlung abgebrochen und war mit den Ideen Jacques Lacans vertraut. Laut Irving Alexander, einem Kollegen und Freund, ist eine der ersten Arbeiten von ihm über Affekt in französischer Sprache in einem von Lacan herausgegebenen Band erschienen. Tomkins wird seine Affektlehre in weiterer Folge jedoch in expliziter und scharfer Abgrenzung zur Psychoanalyse entwickeln. Diese hat seiner Meinung nach mit dem Triebsystem ein zu kleines System als allumfassendes gesetzt und die Scham als Primär-Affekt ignoriert.

Silvan Tomkins' Ausgangslage bildet ein System von Affekt-Paaren: Positive Affekte sind Interesse und Neugier, Freude und Aufregung, neutrale Affekte sind Überraschung und Bestürzung, negative Affekte sind Stress und Angst, Furcht und Schreck, Zorn und Wut, Ekel und vor allem Scham. Diese ist für Tomkins der zentrale Affekt, der den gesamten psychophysischen Organismus strukturiert und sich als Grundkomponente durch Unterdrückung von Interesse und Neugier entwickelt.[3] Tomkins definiert die Affekte in Anlehnung an die zu seiner Zeit immer stärker rezipierte Kybernetik und Systemtheorie. Demnach stehen Affekte in dichotomer Relation zueinander, das heißt, je nachdem ob die Intensität neuraler Stimulation zu- oder abnimmt, pendelt die affektive Lage ins Plus oder Minus. Die Scham ist nicht nur der zentrale Affekt, sondern auch der Affekt, der sich stark über Sichtbarkeit definiert, besonders über das Gesicht und dessen Mimik. Nach Tomkins ist der Mensch »of all animals the most voyeuristic. He is more dependent on his visual sense than most animals, and his visual sense contributes more information than any of his senses« (Tomkins zit. in Kosofsky Sedgwick/Frank 1995: 144). Gleichzeitig konstatiert er jedoch ein gesamtgesellschaftliches Tabu des Sich-gegenseitig-in-die-Augen-Schauens: »The universal taboo on mutual looking is based not only on shame but on the entire spectrum of affects« (ebd.:145).

Stellen wir dem Freuds Ausführungen zur Schaulust und Exhibition zur Seite, zeigen sich durchaus Ähnlichkeiten. Auch für Freud ist die kulturelle Tiefendimension dieser Triebregungen selbstverständlich. Auch nach Freud verändert sich kindliche Schau- und Zeigelust im Verlauf der Entwicklung immer mehr durch das Hindernis des Schamgefühls, das die Psychoanalyse jedoch als ein kulturell bedingtes sieht – und nicht als ein universales Natur-Gesetz bestimmt (vgl. Freud 1972).

Tomkins wirft Freud weiter vor, die Selbsterhaltungstriebe ausschließlich biologisch gefasst zu haben. Er hingegen sieht die Nahrungsaufnahme von Anfang an mit Affekten wie Lust und Aufregung verknüpft. Ich denke, es ist nicht notwendig, besonders darauf zu verweisen, wie sehr Freud und auch Lacan unmissverständlich klar gemacht haben, dass der Oraltrieb nur teilweise als biologisches Bedürfnis begriffen werden kann, dass vielmehr Anspruch und Begehren immer mit im Spiel sind. Freud hat seinen Begriff der Libidio von anderen psy-

3 In den *Cultural Studies* lässt sich seit einigen Jahren eine auffällige Beschäftigung mit Scham feststellen, siehe z.B. Probyn 2005; Cartwright 2008.

chischen Energien unterschieden, um zu verdeutlichen, dass Sexualtrieb und Hunger nicht auf derselben Ebene operieren.

Während Tomkins die freudsche Psychoanalyse also wegen ihrer Pansexualität und ihrem zu eng gefassten Triebsystem kritisiert, attackiert André Green in den 70er Jahren Jacques Lacan, weil dieser den Affekt zugunsten der Repräsentation ignoriert hätte. Green selbst hat seine klinische Arbeit vor allem auf der Untersuchung narzisstisch-affektiver Störungen aufgebaut und den Affekt als etwas bestimmt, wodurch sich »das Ich eine nicht repräsentierbare Vorstellung von sich selbst« (Green 2004: 147) macht. Grund für die scharfen Attacken Greens gegen Jacques Lacan ist der Streit unterschiedlicher psychoanalytischer Lehrmeinungen, der sich immer wieder unter anderem an der Frage der Behandlung psychotischer Patienten entzündet. Freud und auch Lacan waren in dieser Frage sehr zurückhaltend und sahen die Psychoanalyse primär als Therapie von Neurosen, während die Schizophrenie-Forschung von Ronald D. Laing und die psychoanalytische Schule der Objektbeziehung von Donald W. Winnicott und Melanie Klein auch diese Patientengruppen miteinbezogen. Green richtet seine Kritik auch gegen die Berufsvereinigung der Analytiker, die, so Green, ihre Vormachtstellung über die Sprache und das Schweigen (des Analytikers) aufbauten und auch in der Frage der Gegen-Übertragung den Affekt als zu bedrohlich ausklammern würden.

Gegen den Vorwurf, den Affekt zu Gunsten der Sprache zu ignorieren (vgl. Green 1995/96), hat sich Lacan mehrfach gewehrt und erklärt, weshalb der Affekt kein Objekt der Analyse sein kann.

»Die Angst ist ein Affekt. Es ist absurd zu sagen, ich interessiere mich nicht für Affekte. Ich sage nur, dass Affekte nicht das in seiner Unmittelbarkeit/Unvermitteltheit gegebene Sein sind, noch das Subjekt in seiner rohen Form. Er ist keinesfalls protopathique. Der Affekt ist nicht verdrängt – er ist verrutscht (wie eine Schiffsladung), er driftet, er ist verschoben, verrückt, verkehrt [...] aber nicht verdrängt.« (Lacan 2004: 23).

Lacan folgt hier deutlich der freudschen Bestimmung, wie sie dieser in *Hemmung, Symptom und Angst* ausgeführt hat, und worin er klar gemacht hat, dass Angst sehr wohl ein Affektzustand ist: »Wir heißen sie einen Affektzustand, obwohl wir auch nicht wissen, was ein Affekt ist.« (Freud 1971: 273).

André Green hat jedoch gegen Freud den Vorwurf erhoben, nicht einmal im Zusammenhang mit der Angst vom Affekt gesprochen zu haben. Man sieht heute rückblickend, wie sehr Argumente zurechtgerückt werden, wie fälschlich zitiert und übertrieben wird, Auslassungen und Verkehrungen vorgenommen werden, um die eigene Position unbewusst oder intentional zu stärken.[4] Greens Vorwurf, die Sprache sei aus politischen Gründen über den Affekt gesetzt worden, greift jedoch insgesamt zu kurz. Vielmehr muss die Kritik an der Sprache, an Repräsentation, wie sie immer wieder im 20. Jahrhundert laut geworden ist, in ihrem

4 »Auffällig ist, dass Freud an keiner Stelle von Vorstellungen oder vom Affekt spricht.« (Green 2004: 145).

jeweiligen historischen Kontext analysiert werden. Damals, auf dem Höhepunkt der Lacan-Green-Kontroverse, jedenfalls trafen, wie Alain Badiou es formuliert hat, die Philosophie des Konzepts und jene des Lebens aufeinander. Seit den späten 1960er Jahren gerät das rationale Subjekt, wie Descartes es definierte, immer stärker unter Beschuss, auch ein selbst-reflexives Subjekt wurde zunehmend abgelehnt und statt dessen ein Subjektbegriff eingefordert, der »stärker mit dem Leben und dem Körper verbunden ist, etwas Umfassenderes als das bewußte Subjekt, etwas, das einer Produktion oder einer Schöpfung gleicht, das weiterreichende Kräfte in sich konzentriert.« (Badiou 2005: 90). Die Psychoanalyse spielt in dieser Debatte eine ambivalente Rolle. Zum einen ist sie zu dieser Zeit die führende Institution, in der die Theorie des Subjekts eine radikale – linguistische – Form (in der Relektüre durch Jacques Lacan) angenommen hat, zum anderen hat sie, wie Foucault und Deleuze/Guattari nie müde geworden sind zu wiederholen, ihrer eigenen Radikalität zu wenig vertraut. Deswegen haben Deleuze und Guattari ihren Subjektbegriff entlang der Psychoanalyse erarbeitet und ihren Fokus auf das Unbewusste und seine sozialen Sprengkräfte in ihrer »Schizoanalyse« gelegt (vgl. ebd.: 91).

Der Anti-Ödipus: Die Kritik der Psychoanalyse von Deleuze und Guattari

Die Kritik von Gilles Deleuze und Félix Guattari an der Psychoanalyse gilt vor allem dem ödipalen Familien-Korsett. Dem stellen sie ihren »Körper ohne Organe« sowie die »Fluchtlinien« des Individuums entgegen. Foucault folgend, dass die Psychoanalyse den Höhepunkt einer Entwicklung markiert, die den Körper und seine Lüste ins Sprechen überträgt, um sie einer mehr oder weniger subtilen Kontrolle zu unterwerfen, stellen sie sich auf die Seite des Schizo. Dieser unterläuft gesellschaftliche Zwänge, untergräbt die kleinbürgerliche Moral und übersteigt die kulturell gesetzten Limits des Körpers. Deleuze und Guattari haben in ihrem »Anti-Ödipus« (1974) die Psychoanalyse heftig wegen ihres Fokus' auf den Einzelnen kritisiert und als Teil der 68er-Bewegung die Kleinfamilie als Brutstätte des neurotischen Romans attackiert. Darauf verweisend, wie sehr diese als kapitalistische Speerspitze dient(e), setzten sie den Schwarm, die Meute, das Rudel, worin der Einzelne mitgerissen, überwältigt wird, um neue Erfahrungsdimensionen zu erleben.

»Die Psychoanalyse ist sehr oft und schon in ihren Anfängen auf die Frage des Tier-Werdens von Menschen gestoßen. Und zwar beim Kind, das ständig solche Arten des Werdens durchmacht, sowie beim Fetischismus und vor allem beim Masochismus, die ständig vor diesem Problem stehen. Jedenfalls muss man festhalten, dass die Psychoanalytiker, auch Jung, dieses Problem nicht verstanden haben oder verstehen wollten. Sie haben das Tier-Werden sowohl beim Mann wie beim Kind abgewürgt. [...] Sie sehen im Tier einen Repräsentanten der Triebe oder eine Repräsentation der Eltern. Sie sehen nicht, dass das Tier-Werden real ist, dass es der Affekt selber und der Trieb in Person ist und nichts repräsentiert.« (Deleuze/Guattari 1992: 353).

Die Philosophie von Deleuze, insbesondere seine Kinobücher (1983, 1985 auf Französisch erschienen), waren maßgeblich für eine neue Orientierung innerhalb der Medien- und Filmwissenschaft. Mit dem Fokus auf den affektiven Körper im Kino wurde die auf der Psychoanalyse und Ideologiekritik Althussers sich stützende Apparatustheorie entthront. »Etwas anderes werden«, durch den »Affekt affiziert werden«, »vom Schwarm« mitgerissen zu werden« wurde ab den 1990er Jahren der filmischen Schaulust, wie sie Laura Mulvey (1980), im selben Jahr wie der Anti-Ödipus publiziert, definiert hatte, entgegengesetzt. Die Kritik von Deleuze an Repräsentation, auch an der filmischen, und an einer symbolischen Weltverfassung trifft heute jedoch auf ein anderes Begehren – auf jenes der Neurobiologie.

Freud hatte Recht oder der Siegeszug des affektiven Organismus

Antonio Damasio bestimmt Affekt und Emotion als phylo- und ontogenetische Basis der menschlichen Existenz. In »Looking for Spinoza. Joy, Sorrow and the Feeling Brain«, das im Deutschen den viel sagenden Titel »Der Spinoza-Effekt« (2003) trägt, hat sich Damasio auf die Spuren von Baruch Spinoza gemacht, um zu klären, wie dessen Immanenzphilosophie sich auf wunderbare Weise mit der Neurobiologie ergänzt. In Spinozas Weigerung, Körper und Geist als getrennte Einheiten anzunehmen, und sie als eine Frage von unterschiedlichen Intensitäten zu begreifen, sieht Damasio den ersten Schritt zur biologischen Definition des Bewusstseins.[5] Damasio bestimmt Affekte als primäres Körper-Umwelt-System, das für das Überleben des Menschen verantwortlich ist. Affekt ist für Damasio der Oberbegriff, während Emotionen in verschiedene Kategorien unterteilt sind: »Primary or universal emotions: happiness, sadness, fear, anger, surprise, disgust. Secondary or social emotions: embarrassment, jealousy, guilt, pride. Background emotions: well-being, malaise, calm, tension.« (Damasio 1999: 51)

Während diese Emotionen körperlich sind, gehören die Gefühle zur Region des Geistigen, sie sind das, was symbolisiert werden kann, worüber man reden kann. Verblüffend sind Damasios zwei zentrale Begriffe, mit welchen er Bewusstsein, Gefühle und Emotionen verbindet: »Patterns« und »images«, also Muster und Bilder. Bilder sind mental und nicht nur visuell, bewusste Bilder sind nur dem Individuum zugänglich, während Bilder als neuronale Muster sich ausschließlich einem Beobachter zeigen, der das Gehirn und seine Aktivitäten, wie sie die Messdaten im Monitor graphisch darstellen, interpretiert. Auch wenn

5 Als Beleg verweist Damasio auf eine Reihe von Publikationen aus den Neurowissenschaften, die sich alle auf Spinoza berufen bzw. dessen Wichtigkeit für die neue Gehirnforschung betonen (vgl. Damasio 2003: 342, Fußnote 8).

Damasio vom Gedanken als einem Fluss von Bildern spricht (vgl. Damasio 2003: 317 f.), und man sich im ersten Moment an den Bilderfluss von Henri Bergson und dessen Bilduniversum erinnert fühlt, wird schnell klar, dass es sich hier um einen anderen Bildbegriff handelt. Es geht nämlich um die Idee, deren Referenz der Körper ist, also eine Idee, die den Körper als mentales Bild übersetzt. Der Körper ist im Geist als Gefühl repräsentiert. Und Bewusstsein entsteht in jenem Moment,

»when brains acquire the power [...] of telling a story without words, the story that there is life ticking away in an organism, and that the states of the living organism, within body bounds, are continuously being altered by encounters with objects or events in its environment. [...] The apparent self emerges as the feeling of a feeling.« (Damasio 1999: 30 f.)

»Freud und Lacan in Zeiten der Neurowissenschaft« lautet der Untertitel der Arbeit von Edith Seifert (2008), die die zentralen Unterschiede zwischen Neurowissenschaften und Psychoanalyse untersuchte. Die Psychoanalyse als Metatheorie ist eine Wissenschaft, die nach Seifert nicht durch empirische Befunde der Neurowissenschaften ihres »Mangels« behoben werden kann, denn dieser ist vielmehr konstitutives Moment, der »andere Schauplatz« des Subjekts. Das Wissen der Psychoanalyse ist immer auch ein ethisches, da es zutiefst einem Nicht-Wissen, dem Unbewussten verpflichtet ist. Die tiefe Spaltung zwischen beiden Wissenschaften verläuft durch den Riss ihres Sprachverstehens. Ist für die Neurowissenschaften Sprache gleichgesetzt mit Kommunikation und Informationsübertragung, ist sie in der Psychoanalyse primär Artikulation eines Begehrens und Anspruchs an den Anderen.

Auch Joan Copjec hat eine Ehrenrettung der Psychoanalyse unternommen, indem sie Lacan mit Deleuze zu versöhnen trachtet. Copjec greift die lacansche »Verrutschung« des Affekts auf, um zu zeigen, dass Deleuze mit seiner Affektdefinition einmal sehr nahe an derjeingen Lacans war, um erst zu einem späteren Zeitpunkt den Affekt als etwas zu bestimmen, das sich gegen die Figur des großen Anderen setzt. Am Ende ihrer Ausführungen erscheint die psychoanalytische Bestimmung des Affekts als etwas, das der Repräsentation entgegensteht, als etwas, was der Repräsentation genuin entgleitet, ein »out-of-phaseness«, wie es bei Copjec heißt (Copjec 2006: 94). Die subjektive Wahrnehmung löst sich für einen Augenblick vom Individuum ab und lässt dieses Moment als Differenz zum Affekt werden. Auf diese Weise können sich alle drei, Freud, Lacan und Deleuze treffen. Es sei dahin gestellt, ob man der Entladung des Affekts, wie dies die Psychoanalyse sieht, und der Apersonalität des deleuzeschen Affekts auf diese Weise gerecht wird. Weitaus beunruhigender ist heute vielmehr, dass die Psychoanalyse von populistischen Werbeagenten mit der Information vermarktet wird, dass Freud doch Recht gehabt habe: Man könne heute nämlich messen, dass das Gehirn Verdrängungsarbeit und andere Fehlleistungen unternehme.

Schlussbemerkung

Als ich bei meiner Unterhaltung am »Schauplatz der Intimität« meine Gesprächspartnerin fragte, wie sie denn für ihre Untersuchung der Gefühlsblindheit Menschen gefunden hätte, meinte sie, man hätte mithilfe von Plakaten in öffentlichen Verkehrsmittel usw. gesucht; es seien auch viele gekommen, die von sich behaupteten, sie seien gefühlsblind. Doch wie weiß man, dass man blind gegenüber Gefühlen ist? Hier zeigt sich die fatale Folge des affektiven Imperativs – seine Drohung: Fühle! führt dazu, dass man sich nicht mehr sicher sein kann, dass das, was man fühlt, auch fühlen ist. Und so ist auch das Fühlen inzwischen eine Angelegenheit von Experten geworden, die im Unterschied zu Freud, der ja bescheiden meinte, nichts darüber sagen zu können, mit ihren Messmaschinen anrücken, um die Gefühle zum Sehen (zum Vorschein) zu bringen.

Die doch etwas überraschende Aufnahme von Spinoza in die Community der Neurobiologen – Spinoza, der ja wesentlich durch die Arbeiten von Deleuze für die Philosophie wiederentdeckt worden ist –, macht dabei deutlich, wie der Affekt als Markierung gesellschaftspolitischer Kampfzonen missbraucht werden kann. Im Streit um seine Definition steht weniger (s)eine Wahrheit auf dem Spiel, als die ökonomische Sicherung der durch ihn sich öffnenden Pfründe – sowohl in der Neuro-Forschung als auch in der Theorieproduktion.

Literatur

Angerer, Marie-Luise (2007): *Vom Begehren nach dem Affekt.* Berlin/Zürich: diaphanes.

Badiou, Alain (2005): Abenteurer des Begriffs. Über die Einzigartigkeit der jüngeren französischen Philosophie. In: *Lettre International*, Heft 71, 88-91.

Cartwright, Lisa (2008): *Moral Spectatorship. Technologies of Voice and Affect in Postwar Representations of the Child.* Durham, NC: Duke University Press.

Copjec, Joan (2006): May ’68, The Emotional Month. In: *LACAN. The Silent Partners*, hg. v. Slavoj Zizek. London/New York: Verso, 90-114.

Damasio, Antonio R. (1999): *The Feeling of What Happens. Body and Emotion in the Making of Consciousness.* New York/San Diego/London: Harcourt Brace & Co.

Damasio, Antonio R. (2003): *Der Spinoza-Effekt. Wie Gefühle unser Leben bestimmen.* München: Marion von Schroeder Verlag.

Deleuze, Gilles (1989): *Das Bewegungs-Bild, Kino, 1.* Frankfurt a. M.: Suhrkamp.

Deleuze, Gilles (1991): *Das Zeit-Bild, Kino, 2.* Frankfurt a. M.: Suhrkamp.

Deleuze, Gilles und Félix Guattari (1974): *Anti-Ödipus. Kapitalismus und Schizophrenie I.* Frankfurt a. M.: Suhrkamp.

Deleuze, Gilles und Félix Guattari (1992): *Tausend Plateaus. Kapitalismus und Schizophrenie*. Berlin: Merve.

Freud, Sigmund (1971): Hemmung, Symptom und Angst (1926 [1925]). In: *Hysterie und Angst*, Studienausgabe VI. Frankfurt a. M.: Fischer, 227-319.

Freud, Sigmund (1972): Das Unbehagen in der Kultur (1930). In: *Gesellschaft/Religion*, Studienausgabe, Bd. IX. Frankfurt a. M.: Fischer, 191-270.

Grau, Oliver und Andreas Keil (Hg.) (2005): *Mediale Emotionen. Zur Lenkung von Gefühlen durch Bild und Sound*. Frankfurt a. M.: Fischer.

Green, André (1995/96): Against Lacanism. A Conversation with Sergio Benvenuto. In: *Journal of European Psychoanalysis*, Fall 1995/Winter 1996, No. 2.

Green, André (2004): *Die Tote Mutter. Psychoanalytische Studien zu Lebensnarzissmus und Todesnarzissmus*. Gießen: Psychosozial Verlag.

Kosofsky Sedgwick, Eve und Adam Frank (Hg.) (1995): *Shame and its Sisters. A Silvan Tomkins Reader*. Durham/London: Duke University Press.

Lacan, Jacques (2004): *L'Angoisse, Séminaire X*. Paris: Seuil (deutsche nicht publizierte Übersetzung von Gerhard Schmitz).

Mulvey, Laura (1980): Visuelle Lust und narratives Kino (1974). In: Nabakowski, Gislind, Helke Sander und Peter Gorsen (Hg.): *Frauen in der Kunst*, Bd. 1. Frankfurt a. M.: Suhrkamp, 30-46.

Probyn, Elspeth (2005): *Blush. Faces of Shame*. Minnesota: University of Minnesota Press.

Seifert, Edith (2008): *Seele-Subjekt-Körper. Freud und Lacan in Zeiten der Neurowissenschaft*. Gießen: Psychosozial Verlag.

Tomkins, Silvan (1962, 1963): *Affect, Imagery, Consciousness*, 2 Bde. London: Tavistock.

Weigel, Sigrid (2005): Phantombilder. In: Grau/Keil (2005), 242-276.

Debatte: Kultivierte Neurochemie und unkontrollierte Kultur

Über den Umgang mit Gefühlen in der psychopharmakologischen Halluzinogenforschung

NICOLAS LANGLITZ

Die Dichotomie von Natur und Kultur infrage zu stellen, ist heute ein Gemeinplatz in den Kulturwissenschaften – gerade wenn es um Emotionen geht. Auch die Neuropsychiatrie verweist auf die biopsychosozialen Modelle, die ihrem Verständnis von Geisteskrankheiten zugrunde liegen – selbst wenn sie bei der Behandlung affektiver Störungen in erster Linie auf Psychopharmaka setzt. Die *Zeitschrift für Kulturwissenschaften* hat mich gebeten, trotz dieses scheinbaren Einverständnisses eine die Disziplinen übergreifende Debatte anzuregen. Ich bin der Ansicht, dass der Teufel nicht allein in ontologischen Postulaten, sondern auch in Forschungspraktiken steckt. Deshalb möchte ich anhand einer ethnografischen Fallstudie zur zeitgenössischen Psychopharmakologie zeigen, wie Neurochemie und Kultur ineinander greifen.

Als Anthropologe hatte ich in den Jahren 2005/2006 Gelegenheit, die humanexperimentelle Untersuchung bewusstseinsverändernder Drogen in Franz Vollenweiders Zürcher Labor *Neuropsychopharmacology and Brain Imaging* und deren Erforschung am Tier in Mark Geyers Labor in San Diego zu verfolgen. Die dort betriebene Halluzinogenforschung eignet sich besonders, das Spannungsverhältnis von zerebraler Natur und Laborkultur zu beleuchten, weil Substanzen wie LSD und Psilocybin pharmakologisch hochgradig wirksam sind und ihre Effekte dennoch von einer Vielzahl anderer – auch kultureller – Faktoren abhängen.

Nimmt man diesen Befund und die damit einhergehende Ontologie ernst, bedürfte es zur Erforschung eines so hybriden Phänomenbereichs wie der Psychopharmakologie einer ebenso hybriden Wissenschaft. Dieser Anforderung genügen weder die Natur- noch die Kulturwissenschaften. Ich möchte hier jedoch keine neue Einheitswissenschaft proklamieren, sondern einen fünfzig Jahre alten Vorschlag neu zur Diskussion stellen. Dabei handelt es sich um ein ganz konkretes, wenn auch aus heutiger Sicht problematisches Programm zu einer Kulturalisierung der Psychopharmakologie. Als solches eignet es sich, eine Diskussion anzustoßen, was für methodologische Konsequenzen ein neurokulturelles Verständnis psychotroper Substanzen für die Erforschung pharmakologischer Interventionen in den menschlichen Gefühlshaushalt haben sollte.

Erste Szene: Kontrollverlust

Erfahrungen mit halluzinogenen Drogen sind oft sehr bewegend und mitunter emotional schwierig. Deshalb herrscht innerhalb der Halluzinogenforschergemeinde weitgehend Einigkeit darüber, dass sich Wissenschaftler mit der Wirkung dieser Substanzen persönlich vertraut machen sollten, bevor sie diese an Versuchspersonen verabreichen. Auf diese Weise soll gewährleistet werden, dass die Forscher sich in ihre Probanden einfühlen und sie besser betreuen können. Solche Selbsterfahrungen können auf legalem Wege im Rahmen so genannter Pilotstudien gesammelt werden.

Während meiner Feldforschung bereiteten zwei Forscher des Vollenweider-Labors eine Studie vor, bei der Psilocybin, der Wirkstoff der so genannten Zauberpilze, zum Einsatz kommen sollte. Die jüngere Forscherin Anna[1] hatte diese Substanz noch nie genommen. Also beschlossen sie und der ihre Arbeit betreuende Kollege Patrick einen Testlauf durchzuführen. Annas Versuchstag verlief ohne Zwischenfälle. Die böse Überraschung kam, als ihr erfahrenerer Kollege an der Reihe war. Das Experiment beinhaltete eine EEG-Messung, während derer der Versuchsperson eine Serie von Bildern auf einem Computerbildschirm gezeigt wurden. Diese Bilder entstammten dem *International Affective Picture System*, das Fotografien als standardisierte affektive Reize in die Kategorien »angenehm« (z.B. Landschaften), »unangenehm« (Bedrohung, Verstümmelung) oder »neutral« (Möbel, Haushaltsgeräte) einteilt. Obwohl die für den Versuch ausgewählten Bilder allesamt »affektiv neutral« sein sollten, machten sie Patrick Angst. Er bat schließlich darum, die weitere Messung ohne die Bilder absolvieren zu dürfen. Doch der Verlust dieses attentiven Fluchtpunkts ließ seine Welt gänzlich aus den Fugen geraten. Ein herumliegender Pullover wurde zur hässlichen Fratze. Die kleine Messkammer des EEG-Labors begann sich auszudehnen und schließlich saß Patrick selbst ganz klein in einem enormen weißen Raum und fühlte sich, als sei er der einzige Mensch auf dieser Welt. Dann fing er an, sich Sorgen zu machen, dass seine negativen Affekte die Messung verfälschen könnten. Ihm wurde übel. Er wollte das Experiment abbrechen. Aber das erschreckte ihn noch mehr: Würde ein Abbruch nicht beweisen, dass er tatsächlich in großen Schwierigkeiten war? Als Wissenschaftler verstand er den Halluzinogenrausch in

1 Die Namen sämtlicher Versuchspersonen wurden geändert.

Analogie zur Psychose und erlebte nun, wie er selbst langsam in einen schizophrenieartigen Zustand abglitt. Die Situation wurde weiter verkompliziert durch den Rollentausch zwischen Patrick als dem für die Studie Verantwortlichen und Anna, die sich nun um ihn kümmern musste, ohne dabei selbst angeleitet zu werden. Rückblickend sagte Patrick:

»Das Problem war, dass ich alles unter Kontrolle halten wollte, was unter Psilocybin natürlich unmöglich ist. So wird einem dann erst richtig bewusst, dass man die Kontrolle verliert. Ich dachte: ›Hoffentlich wird das kein *bad trip!*‹ Und die Auseinandersetzung mit diesem Gedanken, hat dann genau in diese Richtung geführt. Man muss absolut bereit sein loszulassen. Auch das Setting war suboptimal: der Raum war zu steril, zu eng, zu anonym.«

Im Anschluss an diesen Probelauf entschlossen sich die Forscher, den Versuchsraum freundlicher zu gestalten, indem sie ein gelbes Laken aufhängten. Auch die angeblich neutralen Bilder wurden nun durch jene aus der Kategorie »angenehm« ersetzt.

Zweite Szene: Göttliche Liebe

Als ich ins EEG-Labor kam, hatte das Experiment bereits begonnen. Der Raum wurde nur von einem Computerbildschirm erleuchtet, auf dem die Hirnwellen des Probanden zu sehen waren. In der Dunkelheit erkannte ich den rasierten Schädel eines Zen-Meisters, der vom fahlen Licht eines Computermonitors angestrahlt wurde. Er saß kerzengerade in einem Ledersessel. Ein Wust von Kabeln schien aus seinem Kopf zu quellen und verschwand hinter ihm in der Finsternis. Dem Meditationslehrer Jan war Psilocybin verabreicht worden, um zu untersuchen, wie das Pharmakon sich auf seine Fähigkeit zu meditieren auswirkte. Der junge Neurowissenschaftler war aufgeregt: Jans Hirnwellen seien während der Meditation außergewöhnlich ruhig und zeigten eine starke Aktivität im Alpha-Bereich.

Nach der Messung wirkte Jan gelöst und glücklich. Der Forscher befragte ihn, um Näheres über die innere Erfahrung zu hören, die mit dem ungewöhnlichen elektroenzephalografischen Befund einhergegangen war. Jan berichtete, dass er zunächst beängstigende Fratzen und Geisterzüge gesehen habe. Doch dann erinnerte er sich an das *Tibetanische Totenbuch* und daran, dass es sich bei diesen Visionen um bloße Projektionen seines Egos handelte. Schließlich habe er sich mit einem einfachen Mantra beholfen und sich ganz auf seinen Atem konzentriert. So gelang es ihm, sich von dem unheimlichen Spektakel zu befreien und zu einem »höheren Bewusstseinszustand« zu gelangen. Sehr zu seiner Überraschung, ja Enttäuschung, verband sich das nun folgende Alleinheitserlebnis zunächst mit dem Namen Jesus. Das müsse damit zu tun haben, dass er in einer christlichen Familie aufgewachsen sei, sagte er. Doch schließlich habe er an

Buddha gedacht und zu seiner Erleichterung führte ihn das zu einem noch weiter gehenden Zustand der Selbstentgrenzung. Im Vergleich zu seinem Alltagsbewusstsein habe er in diesem Moment eine viel tiefer gehende Einsicht darin erlangt, dass der Grund allen Daseins die Liebe sei. »Göttliche Liebe«, präzisierte er, »oder besser noch: Sein«. Diese Erkenntnis sei ihm als zeitlose Wahrheit erschienen. »Es ist immer schon so gewesen und wird immer so sein. Als ich diesen Zustand erreichte«, erzählte er uns, »da dachte ich: Das ist es! Das ist es!« Der Zustand, den er über dreißig Jahre durch tägliche Meditationsübungen angestrebt hatte.

Die Objektivierung von Himmel und Hölle

Die beiden Laborszenen zeigen, dass dieselbe Substanz ganz unterschiedliche Erfahrungen hervorrufen kann, die sich gerade auch in ihrem affektiven Gehalt drastisch voneinander unterscheiden. Der britische Schriftsteller Aldous Huxley (1981) hatte bereits in den fünfziger Jahren beschrieben, dass halluzinogene Drogen sowohl in den Himmel als auch in die Hölle führen können. Folgerichtig hat man sie sowohl zur experimentellen Untersuchung mystischer Zustände als auch als pharmakologisches Modell schizophrener Psychosen eingesetzt (Langlitz 2006; Langlitz im Erscheinen). Nur dass die Vertreter dieser beiden Forschungsansätze zumeist ein weltanschaulicher Graben voneinander trennte. Die einen empörten sich über eine Pathologisierung spiritueller Erfahrungen, während die anderen die Mystifikation eines gestörten Hirnstoffwechsels belächelten. Dieser Auseinandersetzung liegt die Annahme zugrunde, dass beide Lager über dieselbe Chemie sprechen und sie nur verschieden deuten: als mystische Erfahrung oder psychotisches Wahnerlebnis.

Vollenweiders Labor verlieh diesen von derselben Droge induzierten und doch ganz unterschiedlichen Gefühls- und Erfahrungswelten Objektivität, indem es deren neuronale Korrelate darstellte. Zu diesem Zweck maß Vollenweider (1997) mittels Positronen-Emissions-Tomografie (PET) die metabolische Aktivität in den Hirnen von Versuchspersonen unter dem Einfluss von Psilocybin. Gleich im Anschluss erhob er mit Hilfe eines Fragebogens Daten über deren Erleben. Die Probanden wurden aufgefordert, Aussagen wie »Ich sah in völliger Dunkelheit oder mit geschlossenen Augen ganze Szenen«, »Ich empfand eine allumfassende Liebe« oder »Ich hatte Angst, die Kontrolle über mich zu verlieren« auf einer Skala von 1 bis 10 zu bewerten. Über 90 Items dieser Art sollen drei Dimensionen veränderter Wachbewusstseinszustände quantitativ erfassen: die optisch-halluzinatorische Phänomene beinhaltende »visionäre Umstrukturierung«; die als »ozeanische Selbstentgrenzung« bezeichnete Ekstase; und deren von Horror-Trips bekannte Kehrseite, die »angstvolle Ich-Auflösung«. Die in Zahlen übersetzte innere Erfahrung wurde schließlich mit den neurophysiologischen Messergebnissen des PET korreliert.

Es zeigte sich, dass die Angst vor dem Selbstverlust und die ozeanische Entgrenzung mit Stoffwechselaktivierungen jeweils verschiedener Hirngebiete assoziiert waren (Langlitz 2008; Vollenweider 1998). Demnach sind mystisches Erleben und *bad trip* nicht zwei verschiedene Interpretationen desselben neurophysiologischen Ereignisses, sondern neurophysiologisch voneinander verschieden. Doch in der wissenschaftlichen Praxis stößt dieser objektivierende Ansatz zur Erforschung psychopharmakologisch angestoßener Geist-Hirn-Zustände schnell auf eine ethisch-epistemologische Grenze. Die Versuchspersonen sind keine Untersuchungsobjekte, die aus der Distanz beobachtet werden könnten. Schon aus ethischen Gründen können die Forscher nicht tatenlos zusehen, wie ein Proband immer weiter in eine »angstvolle Ich-Auflösung« abgleitet. Gerade um sich besser einfühlen und gegensteuern zu können, wenn der andere emotional aus dem Gleichgewicht zu geraten droht, sammeln die Wissenschaftler vor dem Experiment eigene Erfahrungen mit den verabreichten Substanzen. Aber auch für die wissenschaftliche Studie selbst sind Horror-Trips schädlich. Da die Teilnahme an den Experimenten freiwillig geschieht, können die Versuchspersonen die Messung jederzeit abbrechen, wenn sie diese als zu belastend empfinden. Dann stünden die Wissenschaftler ohne Daten da.

Trotz aller objektivierenden Messverfahren ist der experimentelle Raum also durchsetzt von der Subjektivität der Probanden und der Wissenschaftler. Die epistemische Tugend der Objektivität (Daston/Galison 2007) verbindet sich mit der Kultivierung von Intersubjektivität: der Kunst, Probanden gut zu betreuen. Hier erweist sich die Hirnforschung als eine Art teilnehmende Beobachtung – und damit als in eine epistemologische Problematik verstrickt, wie sie vielen Kulturwissenschaften eigen ist (Langlitz 2010).

Placebokontrollen und Gefühlsräume

Die ethnografische Untersuchung der Praxis der zeitgenössischen Halluzinogenforschung zeigt, dass sich die Wissenschaftler über den Einfluss von Umgebung, zwischenmenschlichem Umgang, Erwartungen etc. auf das Erleben und damit den Hirnzustand der Probanden durchaus im Klaren sind. Dennoch bleibt das alles beherrschende Studiendesign der pharmakologischen Forschung die randomisierte placebokontrollierte Doppelblind-Studie. Nach dem Zufallsprinzip erhält die Versuchsperson unter ansonsten möglichst identischen Bedingungen entweder die zu untersuchende pharmakologisch aktive Substanz oder ein unwirksames Placebo-Präparat. Weder Forscher noch Proband wissen, welches von beidem verabreicht wird. Die zugrunde liegende Idee ist, dass alle psychosozialen Faktoren auch bei Placebo-Gabe wirksam sind. Zieht man deren Effekte von denen des Verums ab, so zeigt sich dessen pharmakologische Wirkung in Reinform. Eine mögliche Beeinflussung des psychotropen Effekts durch Umwelt und innere Gestimmtheit des Organismus wird auf diese Weise zum Verschwinden gebracht.

Doch was wäre, wenn es zur pharmakologischen Wirkung einer Substanz gehörte, das Verhältnis eines Lebewesens zu seiner Umwelt je nach deren Qualität verschieden zu beeinflussen? In diesem Fall bliebe die jeweilige Umgebung auch dann in den beobachteten pharmakologischen Effekt eingeschrieben, nachdem die unter identischen Bedingungen gemessene Placebo-Wirkung bereits subtrahiert worden ist. Statt den Einfluss der Umwelt zu neutralisieren, würde dieser durch die Placebokontrolle lediglich unsichtbar gemacht.

Während meiner Feldforschung in Mark Geyers tierexperimentellem Labor in San Diego stieß ich auf eine eigentümliche Praxis, die auf einem solchen ökologischen Verständnis von Psychopharmakologie basierte. Wenn ein Halluzinogenexperiment anstand, so wurden die dafür vorgesehenen Ratten am Tag vor der Messung aus ihren Käfigen im Keller in die Laborräume hochgebracht, wo sie mit dieser ungewohnten Umwelt vertraut gemacht wurden. Dieses in einem Protokoll eigens festgeschriebene Prozedere basierte auf den Ergebnissen eines Versuchs, der gezeigt hatte, dass LSD bei Ratten eine Verstärkung ihrer natürlichen Furcht vor Neuem und vor offenen Räumen bewirkt. In einem ihnen unbekannten Versuchskäfig, in dem Infrarotstrahlen das Erkundungsverhalten der Tiere registrierten, bewegten sich die Ratten unter Halluzinogeneinfluss deutlich weniger. Sie bevorzugten es, nah an den schützenden Wänden zu bleiben statt sich in die Mitte des Raumes vorzuwagen. Doch dann schlossen die Forscher den vertrauten Heimkäfig der Ratte an den ihr neuen Versuchskäfig an, so dass sie zwischen beiden Räumen hin und her wechseln konnte. So zeigte sich, dass sie sich trotz LSD in dem ihr vertrauten Raum normal bewegte, während sie gegenüber dem unbekannten Raum eine (auch im Vergleich zum Nüchternzustand) deutlich gesteigerte Neophobie an den Tag legte (Geyer/Krebs 1994). Ihre Ängstlichkeit konnte also weder ausschließlich auf die Droge noch auf die Umwelt allein zurückgeführt werden, sondern ergab sich daraus, dass das Pharmakon die Einstellung der Ratte gegenüber ihrer Umgebung veränderte. Der aus dieser Erkenntnis entstandene Brauch, die Tiere am Vortag des Experiments mit dem Labor bekannt zu machen, sollte den Einfluss der Unvertrautheit des Raumes auf die Tiere minimieren – freilich ohne die Raumbezogenheit drogeninduzierter Gefühlswelten an sich eliminieren zu können. Damit wird die »Objektivität der Gefühle« (Böhme 1997) erweitert. Sie verbindet nun deren Lokalisierung im Gehirn mit der atmosphärischen Umwelt des Organismus.

Kulturkontrollen

Dass die psychopharmakologische Wirkung von Halluzinogenen von den komplexen Kontexten abhängt, in denen die Substanzen eingenommen werden, wurde erstmals 1959 von dem Anthropologen Anthony Wallace beschrieben. Wallace, eigentlich Spezialist für indigene Völker Nordamerikas, hatte es damals an ein Institut für Psychiatrie verschlagen. Dort wurde mit Halluzinogenen experimentiert. Wallace fiel auf, dass sich die Erfahrungsberichte der zumeist weißen Versuchspersonen erheblich von denen indigener Teilnehmer an Peyote-Zeremonien unterschieden. Während beispielsweise weiße Probanden nach Verabreichung des Halluzinogens Meskalin extreme Stimmungsschwankungen erlebten (von depressiv über ängstlich bis euphorisch), zeigte sich bei amerikanischen Ureinwohnern nach dem Verzehr des meskalinhaltigen Kaktus zunächst eine »relative Stabilität der Stimmung, gefolgt von religiöser Furcht und Schwärmerei«. Wallace führte diese und andere Unterschiede auf zwei Faktoren zurück: auf den Einfluss der Settings, in denen die Droge jeweils genommen wurde, und auf die verschiedenen dem physiologischen »Primäreffekt« zugeschriebenen Bedeutungen (Wallace 1959: 79 f.).

Wallace zog aus dieser Beobachtung den Schluss, dass man die sich damals gerade etablierenden placebokontrollierten Studien um »kulturkontrollierte Studien« ergänzen müsse. Er schlug vor, nicht nur die pharmakologische Aktivität der verabreichten Substanz, sondern auch – bei gleichbleibender Substanz – kulturelle und situative Faktoren zu variieren und damit ihren Einfluss auf die psychotropen Effekte experimentell beherrschen und verstehen zu lernen. Sein Begriff von Kultur war in diesem Zusammenhang recht weit gefasst. Die von ihm vorgeschlagenen Kulturkontrollen umfassten die soziokulturelle Herkunft der Probanden, ihre Persönlichkeit und Erwartungen an das Experiment, den sozialen Umgang mit ihnen, die Räumlichkeiten und die Versuchssituation insgesamt. Dabei mutmaßte er, dass sich diese Faktoren nicht nur auf Effekte von Halluzinogenen, sondern auch auf die anderer Psychopharmaka auswirken würden.

Während jedoch placebokontrollierte Studien schnell zum Goldstandard pharmakologischer Forschung wurden, konnte sich Wallaces Vorschlag kulturkontrollierter Studien nie durchsetzen. Biologischer Psychiatrie und Psychopharmakologie lag aus wissenschaftlichen, disziplinären, politischen und ökonomischen Gründen daran, die Wirkungen von Medikamenten und Drogen diesen allein zuzuschreiben. In den Kulturwissenschaften gewann gleichzeitig ein kulturalistischer Ansatz die Oberhand. Statt durch Identifikation »kultureller Determinanten« psychopharmakologische Effekte erklären zu helfen, ging es vor allem darum, die Droge als Symbol bzw. kulturell und historisch unterschiedliche Interpretationen derselben neurochemischen Effekte zu verstehen. Die zugrunde liegende ontologische Unterscheidung von einer Natur und vielen Kulturen, von universalen Emotionen und ihren lokalen Ausformungen ist aus der Anthropologie der Gefühle hinlänglich bekannt (Lutz/White 1986).

So zwischen die Stühle von Kulturanthropologie und Psychopharmakologie geraten, haben kulturelle und situative Kontrollen seither lediglich eine Schattenexistenz geführt (DeGrandpre 2006). Doch gerade solche marginalisierten Praktiken bergen das Potential einer Kritik, die nicht von ganz außen, sondern von den Rändern der Psychopharmakologie selbst kommt. Die Frage ist jedoch, ob wir fünfzig Jahre nach der Publikation von Wallaces Aufsatz in der Lage und willens sind, die Psychopharmakologie als Hybrid aus Natur- und Kulturwissenschaft neu zu erfinden bzw. zu einer Anthropologie zurückzukehren, die nicht zwischen biologischer und Kulturanthropologie unterscheidet.

Schlussbemerkung

Wallaces Vorschlag, den Einfluss der Kultur zu kontrollieren, setzt eine Reifikation und Essentialisierung von Kultur voraus, die heute nur wenige Kulturwissenschaftler mittragen dürften. Um Kulturelles zu verstehen, führen »dichte Beschreibungen« allemal weiter als die experimentelle Variation isolierter Einzelfaktoren im Labor. Denn auch hier gilt, dass die Wirkung jedes Faktors nicht von diesem allein, sondern von dessen Stellung in einem ganzen Netzwerk von Faktoren abhängt (Latour 2000: 211-264). Dieses Geflecht scheint mir zu komplex, als dass es sich jemals erfolgreich kontrollieren ließe. Das macht es Laborwissenschaftlern schwer, aus dem kulturellen Rauschen statistisch signifikante Signale zu extrahieren – auch wenn die nicht-pharmakologischen Faktoren in ihrer Gesamtheit durchaus wirkmächtig sind. Doch gerade wenn man Gefühle und andere Erfahrungsdimensionen als umweltabhängig begreift, bedürfte es eher Feld- als Laborstudien – die es in der Psychopharmakologie kaum gibt. Was den Lebenswissenschaften noch immer fehlt, sind Methoden, die nicht – auch nicht zu rein heuristischen Zwecken – auf Reduktion setzen, sondern der Komplexität des Lebens gerecht werden.

Obwohl die Kulturwissenschaften den daraus resultierenden Reduktionismus gerne denunzieren, werden sie zu dessen Überwindung wenig beizutragen haben, solange sie die Dichotomie von Natur und Kultur zwar ontologisch verwerfen, in ihrer eigenen Praxis aber kulturalistischen Ansätzen verhaftet bleiben. Allzu oft begegnen sie den Naturwissenschaften ausschließlich als Kultur, d.h. im Modus einer Beobachtung zweiter Ordnung. Andere dabei zu beobachten, wie diese die Welt beobachten, ist deshalb wichtig, weil dabei die Kontingenz ihrer Perspektiven zutage tritt und blinde Flecken in den Blick geraten (Luhmann 1992). Zum Beispiel sieht man, dass durch die Brille placebokontrollierter Studien die Umweltabhängigkeit pharmakologischer Wirkungen nicht erkennbar ist. Aber insofern die Kulturwissenschaften an der von ihnen beobachteten Wissenschaftskultur auch teilnehmen und sie verbessern helfen sollten, reicht es nicht, sich selbstgenügsam in Beobachtungen zweiter Ordnung einzurichten und immer neue Kontingenzen aufzuzeigen. Irgendwann kommt der Punkt, an dem Beobachtungen zweiter Ordnung die Erfindung neuer Beobachtungspraktiken erster Ordnung anstoßen müssen. In diesem Sinne möchte ich Wallaces Vorschlag kulturkontrollierter Studien – so unzureichend er heute auch erscheinen mag – neu zur Diskussion stellen. Denn eine sinnvolle Debatte zwischen Natur- und Kulturwissenschaften ist nur möglich, wenn Beobachtungen der Welt und Beobachtungen solcher Beobachtungen gemeinsam erörtert werden.

Literatur

Böhme, Hartmut (1997): Gefühl. In: Christoph Wulf (Hg.): *Vom Menschen. Handbuch Historische Anthropologie*. Weinheim/Basel: Beltz Verlag, 525-547.

Daston, Lorraine und Peter Galison (2007): *Objektivität*. Frankfurt a. M.: Suhrkamp.

DeGrandpre, Richard (2006): *The Cult of Pharmacology. How America Became the World's Most Troubled Drug Culture*. Durham (NC): Duke University Press.

Geyer, Mark und Kirsten Krebs (1994): Serotonin Receptor Involvement in an Animal Model of the Acute Effects of Hallucinogens. In: *Hallucinogens: An Update (NIDA Research Monograph 146)*, hg. v. G. C. Lin und R. A. Glennon, 124-156.

Huxley, Aldous (1981): *Die Pforten der Wahrnehmung. Himmel und Hölle. Erfahrungen mit Drogen*. München: Serie Piper.

Langlitz, Nicolas (2006): Ceci n'est pas une psychose. Toward a Historical Epistemology of Model Psychosis. In: *BioSocieties* 2, 158-180.

Langlitz, Nicolas (2008): Neuroimaging und Visionen. Zur Erforschung des Halluzinogenrauschs seit der ›Dekade des Gehirns‹. In: *Bildwelten des Wissens. Kunsthistorisches Jahrbuch für Bildkritik* 1, 30-42.

Langlitz, Nicolas (2010): The Persistence of the Subjective in Neuropsychopharmacology. Observations of Contemporary Hallucinogen Research. In: *History of the Human Sciences* 1, 1-21.

Langlitz, Nicolas (im Erscheinen): Political Neurotheology. Emergence and Revival of a Psychedelic Alternative to Cosmetic Psychopharmacology. In: Ortega, Francisco und Fernando Vidal (Hg.): *The Neurosciences in Contemporary Society. Glimpses from an Expanding Universe*. Frankfurt a .M.: Peter Lang.

Latour, Bruno (2000): *Die Hoffnung der Pandora*. Frankfurt a. M.: Suhrkamp.

Luhmann, Niklas (1992): *Beobachtungen der Moderne*. Opladen: Westdeutscher Verlag.

Lutz, Catherine und Geoffrey White (1986): The Anthropology of Emotions. In: *Annual Review of Anthropology* 15, 405-436.

Vollenweider, Franz (1998): Recent Advances and Concepts in the Search for Biological Correlates of Hallucinogen-induced Altered States of Consciousness. In: *The Heffter Review of Psychedelic Research*, 21-32.

Vollenweider, Franz, K. Leenders, Christian Scharfetter et al. (1997): Positron Emission Tomography and Fluorodeoxyglucose Studies of Metabolic Hyperfrontality and Psychopathology in the Psilocybin Model of Psychosis. In: *Neuropsychopharmacology* 5, 357-372.

Wallace, Anthony (1959): Cultural Determinants of Response to Hallucinatory Experience. In: *Archives of General Psychiatry* 1, 58-69.

Repliken auf Nicolas Langlitz und eine Gegenantwort

MALEK BAJBOUJ

Kulturlose affektive Neurowissenschaften oder kulturadjustierte Neuropsychopharmakologie?

Nicolas Langlitz beschreibt in seinem Aufsatz »Kultivierte Neurochemie und unkontrollierte Kultur« das Ineinandergreifen von Neurochemie und Kultur aus einer anthropologischen Perspektive. Er beschreibt humanexperimentelle Untersuchungen mit bewusstseinsverändernden Substanzen und postuliert, dass sich dieser Forschungsansatz besonders dazu eignet, ein neurokulturelles Verständnis psychotroper Substanzen für die Erforschung pharmakologischer Interventionen zu generieren. Als Mediziner, der tagtäglich Patienten mit psychischen Störungen behandelt, und als affektiver Neurowissenschaftler möchte ich mit diesem Kommentar versuchen zweierlei zu verdeutlichen: erstens, dass in der modernen psychologischen Medizin kulturelle Faktoren in multiplen Dimensionen bereits erfasst und untersucht werden, sowie zweitens, dass eine Generalisierung der Halluzinogenforschung auf therapeutische psychopharmakologische Interventionen nicht möglich ist.

Zur Rolle von kulturellen und Umweltfaktoren in medizinischer Psychologie und affektiven Neurowissenschaften

Eines der am häufigsten zitierten Modelle in der medizinischen Psychologie ist das Vulnerabilitäts-Stress-Modell, mit dem die multifaktorielle psycho-sozio-biologische Entstehung psychischer Störungen (insbesondere Erkrankungen aus dem Formenkreis der Schizophrenie sowie affektive Störungen) erläutert wird. Nach diesem Modell zeichnen sich Menschen mit einem erhöhten Risiko für psychische Störungen durch eine geringe Resilienz, also eine besondere Vulnerabilität aus, welche zusammen mit einer ungünstigen Umwelt zum Ausbruch einer Erkrankung führen kann. Als Umweltfaktoren werden dabei biographische, situativ-soziale, endokrine und kulturelle Stressoren angeführt (Thomson et al., 2007). Im Kontext dieses Modells sind eine Vielzahl von Befunden erhoben worden, in denen der Einfluss (kultureller) Faktoren auf neuronale Strukturen und Verhalten gezeigt werden konnte. Exemplarisch seien an dieser Stelle die Arbeiten von Caspi (2003) und Kempermann (1997) genannt: Avshalom Caspi konnte zeigen, dass biographische Stressoren nicht zwangsläufig zu einer psychischen Störung führen, sondern vielmehr nur vor einem definierten individuellen genetischen Hintergrund. Gerd Kempermann und Mitarbeiter konnten zeigen, dass eine günstige Umwelt zur Neubildung von Nervenzellen führen kann. Die Ergebnisse dieser beiden Arbeiten stehen beispielhaft für zwei Forschungsfelder, in denen der Versuch unternommen wird, den Einfluss von kulturellen und Umweltfaktoren auf neuronale Strukturen oder auf das Auftreten von psychischen Störungen zu untersuchen.

Ein weiterer Bereich, in dem kulturelle Faktoren bereits erfasst werden, sind Kriterien zur psychiatrischen Diagnosestellung. Das weltweit verwendete, 1952 erstmalig publizierte *DSM Manual* (*Diagnostic and Statistic Manual of Mental Disorders*) hatte bislang der Interaktion zwischen kulturellen Einflussfaktoren und psychischen Störungen nur einen geringen Raum zugestanden. Für die aktuelle Revision, deren Publikation in einigen Jahren erwartet wird, wurde eine Arbeitsgruppe beauftragt (Kupfer et al. 2002), kulturelle Variationen von Krankheitssymptomen, aber auch kulturübergreifende Kernsymptome und Krankheitsverläufe zu definieren. Zudem ist es Aufgabe der Gruppe, Ausdrucksweisen von Umweltstress in unterschiedlichen kulturellen Kontexten zu untersuchen sowie eine Beschreibung von kulturgebundenen Syndromen vorzunehmen und kulturspezifische Erklärungsmodelle zu entwickeln (Kupfer et al. 2002). Da diese diagnostischen Manuale die Grundlage für therapeutische Studien sind, ist zu erwarten, dass kulturelle Dimensionen in Zukunft in zunehmendem Maße berücksichtigt werden.

Kulturadaptierte Neuropsychopharmakologie?

Zum gegenwärtigen Zeitpunkt allerdings ist festzustellen, dass zwar Umwelt- und Kulturfaktoren häufig als konfundierende Variablen berücksichtigt werden oder sogar Hauptzielgröße neuer Untersuchungen und Entwicklungen sind, aber in neuropsychopharmakologischen Untersuchungen – wie von Langlitz richtigerweise beschrieben – in der Regel bislang nicht ausreichend berücksichtigt worden sind. Inwieweit die Berücksichtigung kultureller Faktoren bei psychopharmakologischen Interventionen zu klinischen Konsequenzen führt, ist zu diskutieren. Dies wäre dann der Fall, wenn ein Psychopharmakon (beispielsweise ein Antidepressivum) bei unterschiedlichen Umwelt- und Kulturfaktoren regelhaft unterschiedlich wirkt. Für diese These gibt es aus meiner persönlichen Erfahrung und auch aus der Literatur keinerlei Evidenzen. Vielmehr ist es so, dass Ansprechraten und erfolgreich behandelte Kernsymptome sich kulturübergreifend gleichen. Die Akteffekte, die in der Halluzinogenforschung untersucht und beschrieben werden, sind deshalb auf die monomorphen Langzeiteffekte von Antidepressiva nicht gut übertragbar. Daher ist schon der Ansatz, Erkenntnisse aus der Halluzinogenforschung auf allgemeine psychopharmakologische Therapien zu generalisieren, schwierig. Gleichwohl finden in die Therapie affektiver Störungen Umweltfaktoren häufig und in relevanter Weise Eingang. Die moderne Behandlung depressiver Störungen umfasst ab einem bestimmten Schweregrad neben psychopharmakologischen auch psychotherapeutische Interventionen. In typischen psychotherapeutischen Sitzungen werden, individuell und kulturell adjustiert, krankheitstypische Wahrnehmungen angegangen.

Fazit: Kulturelle Faktoren ebenso wie Umweltfaktoren sind in den affektiven Wissenschaften von hoher Relevanz für das Verständnis der Entstehung und der Symptome bestimmter Erkrankungen. Im Bereich der Neuropsychopharmakologie sind die Erkenntnisse aus der Halluzinogenforschung nur bedingt auf klinische Settings übertragbar.

Literatur

American Psychiatric Association (1994): *Diagnostic and Statistical Manual of Mental Disorders.* 4th ed., Washington, DC: American Psychiatric Association.

Kupfer, David und Darrel Refier (2002): *A research agenda for DSM-V. Program and abstracts of the American Psychiatric Association 155th Annual Meeting; May 18-23, 2002*; Philadelphia, Pennsylvania. Symposium 25.

Caspi, Avshalom, Karen Sugden, Terrie Moffitt, Alan Taylor, Ian Craig, Hona-Lee Harrington, Joseph McClay, Jonathan Mill, Judy Martin, Antony Braithwaite und Richie Poulton (2003): Influence of life stress on depression: moderation by a polymorphism in the 5-HTT gene. In: *Science,* 2003 Jul 18, 301 (5631): 386-389.

Kempermann, Gerd, H. George Kuhn und Fred H. Gage (1997): More hippocampal neurons in adult mice living in an enriched environment. In: *Nature,* 1997 Apr 3, 386 (6624): 493-495.

Thompson, Katherine, Lorraine Phillips, Paul Komesaroff, PanYuen Hok, Stephen J Wood, Christos Pantelis, Dennis Velakoulis, Alison Yung und Patrick McGorry (2007): Stress and HPA-axis functioning in young people at ultra high risk for psychosis. In: *Journal of Psychiatric Research,* 2007 Oct, 41 (7): 561-569.

LUDWIG JÄGER

Störvariable *Kultur*. Anmerkungen zu Nicolas Langlitz' Text »Kultivierte Neurochemie und unkontrollierte Kultur«

Die folgenden Notizen beziehen sich selektiv auf einzelne Aspekte des Essays von Nicolas Langlitz und kommentieren sie. Vorab möchte ich feststellen, dass Langlitz' Blick auf den für die psychopharmakologische Halluzinogenforschung charakteristischen »Umgang mit Gefühlen« es nicht nahelegt, einige wesentliche Aspekte der gefühlstheoretischen Debatte zwischen Natur- und Kulturwissenschaften zu erörtern. Das Problem der »Gefühle« spielt im Text von Langlitz eine ausschließlich *methodologische* Rolle. Gefühle werden allein als *laborinduzierte* Gefühle im Kontext der »Erforschung pharmakologischer Interventionen in den menschlichen Gefühlshaushalt« thematisiert, d.h. eher als vorübergehende, experimentell induzierte emotionale Zustände denn als kulturell konstituierte emotionale Dispositionen (Alston 1981).

Insofern bleiben zentrale *epistemologischen* Fragestellungen und Probleme der Gefühlstheorie bei Langlitz unerörtert. Dies betrifft etwa die von Emotionspsychologie (Euler/Mandl 1983; Traxel 1983; Debus 1988) und sprachanalytischer Philosophie kontrovers diskutierten Probleme der Erlebnisqualität von Gefühlen (*»Erste-Person-Perspektive*), der *»Qualia«* (Bieri 1981; Metzinger 1996; Crispin/Smith/Macdonald 1998), die Frage der *Universalität* bzw. der *Sozialität* von Gefühlen (Ekman 1981; Kemper 1981; Solomon 1981), die ihrer *Sprachlichkeit* bzw. ihrer *Sprachunabhängigkeit* (Davis 1969; Jäger 1988; Debus 1988) sowie schließlich die nach ihrer *Intentionalität* (Alston 1981; Kahle 1981; Pitcher 1981). Das Ausklammern dieser (und weiterer) epistemologischer Aspekte bei Langlitz wäre natürlich für die Debatte seines Beitrags nicht weiter von Belang, wenn nicht die diskutierten methodologischen Fragen durch die ausgeblendeten epistemologischen kontaminiert würden.

Störvariable *Kultur*

Der Autor legt eine »ethnografische Fallstudie« vor, deren Ziel darin besteht, am Beispiel humanexperimenteller Untersuchungen bewusstseinsverändernder Drogen, die er in zwei Labors beobachtete, die Frage zur Diskussion zu stellen, ob es nicht angesichts des *hybriden* Phänomenbereichs von Untersuchungen dieses Typs geboten wäre, neben den klassischen *placebokontrollierten* Studien auch *kulturkontrollierte Studien* durchzuführen. Er greift hierzu auf den Vorschlag des Anthropologen Anthony Wallace zurück, der Ende der 1950er Jahre festgestellt hatte, dass bei der Untersuchung psychopharmakologischer Wirkungen von Halluzinogenen die kulturellen und situativen Faktoren des Untersuchungsdesigns signifikanten Einfluss auf die Erfahrungsberichte der Probanden hatten. Wallace' Vorschlag hatte deshalb darin bestanden, Faktoren der Experimentalsituation wie »soziokulturelle Herkunft der Probanden, ihre Persönlichkeit und Erwartungen an das Experiment, den sozialen Umgang mit ihnen, die Räumlichkeiten und die Versuchssituation insgesamt« etc. in das Untersuchungsdesign einzubeziehen und auf diese Weise »den Einfluss der Kultur zu kontrollieren«.

Der Vorschlag von Langlitz, in Experimentaldesigns der vorgestellten Art die Anregung von Wallace aufzugreifen und sie in einer befriedigenderen Weise fortzuentwickeln, fokussiert sicher ein wichtiges *methodologisches* Problem der psychopharmakologischen Forschung. Freilich: Selbst wenn die Lösung dieses Problems angemessen gelänge, stellte sie doch weniger einen Beitrag zur *»Kulturalisierung der Psychopharmakologie«* als vielmehr einen zur *Beseitigung der »Störvariable Kultur«* in psychopharmakologischen Experimenten dar. Die erfolgreiche Kontrolle des Einflusses der »Kultur« lässt sich – wie mir scheint – nicht als Integration von »Kultur« (was immer das dann wäre) in die psychopharmakologische Forschungslandschaft verstehen; sie ist vielmehr deren methodologische Neutralisierung.

Tugend der Objektivität und teilnehmende Beobachtung

Langlitz interpretiert den Umstand, dass Experimentatoren in humanexperimentellen Untersuchungen des skizzierten Typs die halluzinogenen Drogen, die Probanden verabreicht werden, selbst einnehmen, um »vor dem Experiment eigene Erfahrungen mit den verabreichten Substanzen« zu sammeln, methodologisch als *»Einfühlung«*, als einen Fall von *»teilnehmender Beobachtung«*. Unter teilnehmender Beobachtung versteht man üblicherweise in Ethnologie und Sozialwissenschaften eine Partizipation des Forschersubjektes an dem kulturellen Feld, das es beobachtet und beschreibt (Kluckhohn 1972). Die teilnehmende Beobachtung dient *methodologisch* der Entwicklung angemessener Beobachtungs- und Beschreibungskategorien dadurch, dass das Forschersubjekt das implizite kulturelle Wissen, das in dem zu beobachtenden Feld von den in ihm agierenden kulturellen Subjekten geteilt wird, vor dem Versuch der wissenschaftlichen Beschreibung selbst (zumindest teilweise) erwirbt. In dem *methodologischen* Verfahren der teilnehmenden Beobachtung reflektiert sich der *epistemologische* Umstand, dass in den Geistes- und Kulturwissenschaften das Erkenntnissubjekt als Teil des Erkenntnisobjektes angesehen werden muss (Dilthey 1927; Schütz 1962; Cicourel 1970). In den von Langlitz beschriebenen experimentellen Situationen nehmen aber die Experimentatoren nicht im Interesse einer angemessenen Kategorienbildung, etwa zur Beschreibung emotionaler Zustände der Probanden, am impliziten Wissen der Probanden teil, sondern sie versuchen auch hier, die den experimentellen Raum kontaminierenden subjektiven Faktoren zu kontrollieren. Die intrinsische Kenntnis möglicher, von Halluzinogenen ausgelöster emotionaler Krisen der Probanden kann so u.U. dazu beitragen, Datenverluste zu vermeiden, und die Messungen krisenfrei zu halten. Derartige Selbstversuche sind natürlich nicht verwerflich und sie haben sicher auch im Hinblick auf die Unversehrtheit der Probanden einen ethischen Aspekt. Sie haben nur nichts mit teilnehmender Beobachtung zu tun. Sie verbessern – was natürlich ebenfalls nicht verwerflich ist – die Reliabilität und Validität von Experimenten.

Aber wie sie die »epistemische Tugend der Objektivität« mit einer »Kultivierung der Intersubjektivität« verbinden können sollen, bleibt unklar. Langlitz' Hinweis auf Daston/Gallison 2007 ist eher unpassend. Für Lorraine Daston ist die »Kultur der Objektivität« dadurch charakterisiert, dass sich ihre naturwissenschaftlichen Vertreter dafür einsetzen, »alle menschlichen Aktionen auszuschalten, in denen die Gegebenheiten (die ›Daten‹ der Natur [...]) verfälscht« würden« (Daston 1998, 34). Genau diesem Zweck dienen aber die Selbstversuche der Experimentatoren: sie verfolgen das Ziel, den experimentellen Raum möglichst weitgehend von der »Subjektivität der Probanden und der Wissenschaftler« zu reinigen und so die Objektivität der Messverfahren zu erhöhen. Die Selbstversuche dienen nichts anderem als der »Kultivierung« der epistemischen Tugend der Objektivität, nicht aber einer »Kultivierung der Intersubjektivität.«

Beobachtungspraktiken zweiter und erster Ordnung

Langlitz bedient sich in seiner ethnografischen Fallstudie methodisch einer Beobachtung zweiter Ordnung, um die Kulturwissenschaften dafür zu kritisieren, dass sie sich »selbstgenügsam in Beobachtungen zweiter Ordnung einrichten« und es, weil sie »kulturalistischen Ansätzen verhaftet bleiben«, vernachlässigten, zur »Erfindung neuer Beobachtungspraktiken erster Ordnung« beizutragen. So interessant eine solche Forderung an die Kulturwissenschaften auch ist, so wenig ist ersichtlich, wie durch ein methodisch variiertes Wallace-Design ein Beitrag zur Lösung von Problemen geleistet werden könnte, die bei der Beobachtung und Beschreibung von »hybriden« Erkenntnisgegenständen wie »Gefühl« einer ist, auf epistemologischer Ebene auftreten. Gerade im Hinblick auf die von Langlitz beobachtete »Gefühlsforschung« zeigt sich, dass Experimentaldesigns, wie sie die Psychopharmakologie verwendet, für den epistemologischen Problemraum, in dem sich kulturelle Gegenstände wie Sprachen, Gefühle, Mythen etc. bewegen, in einer bemerkenswerten Weise unsensibel sind. Illustrieren lässt sich diese These, wenn man etwa das Experiment betrachtet, das das Vollenweider-Labor zur Klärung der Frage durchführte, ob es sich bei den durch dieselbe Droge induzierten »unterschiedlichen Gefühls- und Erfahrungswelten« von Probanden um »zwei verschiedene Interpretationen *derselben* neurophysiologischen Ereignisse« oder *verschiedene* neurophysiologische Ereignisse handele. Das Experiment, dessen Ergebnis hier nichts zur Sache tut, maß mittels Positronen-Emmissions-Tomografie (PET) Stoffwechselaktivität in den Gehirnen von Probanden unter dem Einfluss der Droge Psilocybin und korrelierte diese Messergebnisse mit denen einer Fragebogenbefragung der Probanden direkt nach der PET-Messung. In der Fragebogenbefragung verwendet das Experiment 90 sprachliche Items, die hinsichtlich ihres Zutreffens auf die drogeninduzierten Gefühlserfahrungen von den Probanden auf einer Skala von 1-10 bewertet werden mussten. Items lauteten beispielweise »Ich empfand eine allumfassende Liebe« oder »Ich hatte Angst, die

Kontrolle über mich zu verlieren«. Es liegt nun auf der Hand, dass die in diesen Items verwendeten Gefühlswörter »allumfassende Liebe« oder »Angst« durch kulturspezifische Semantiken bestimmt sind, die sich nicht in der gleichen Weise standardisieren lassen, wie dies vielleicht für das »International Affektive Picture System« möglich ist, aus dem das bildliche Stimulusmaterial entnommen wurde (wobei es auch hinsichtlich des Standardisierungsgrades dieser Bildstimuli nicht an kritischer Literatur mangelt).

Die Annahme, dass eine solche *semantische Standardisierung* möglich ist (sie muss möglich sein, wenn *quantitative* Daten generiert werden sollen), dass also Gefühlsausdrücke nur kontingente sprachliche Mittel zur Mitteilung von sprachneutralen psychologischen Zuständen sind, hält eine epistemologische Frage für entschieden, die keinesfalls entschieden ist – die Frage nämlich, ob den verschiedenen Gefühlsausdrücken in verschiedenen Sprachen und Kulturen die gleiche, universale emotionale Grundausstattung zugrundeliegt, auf die von verschiedenen Einzelsprachen her identisch zugegriffen werden kann (Debus 1988). Es spricht einiges dafür, dass dem nicht so ist, dass also die Emotionen – wie Solomon formuliert – als »›Mythologien‹, als ›Brennpunkte unserer Weltanschauung‹ fungieren, als ›Netzwerk von Begriffs- und Wahrnehmungsstrukturen, innerhalb dessen Gegenstände, Menschen und Handlungen Bedeutung erlangen« (Solomon 1983, 240 f.).

Unter dieser Voraussetzung wären Gefühle in der von Langlitz beschriebenen Form sicher nicht angemessen zu beobachten. Wir hätten vielmehr davon auszugehen, dass »Gefühle« Entitäten sind, die sich in sprachlichen, sozialen und kulturellen Netzwerken konstituieren; dass sie »Begriffe sozialer Beziehungen und Institutionen voraus[setzen], die zu moralischen, ästhetischen und rechtlichen Bewertungssystemen gehören« (Bedford, in: Kahle 1981: 55). Zu ihrer Beschreibung müssten also Verfahren angewendet werden, die ihrer kulturellen und semantischen Spezifik Rechnung tragen, Verfahren etwa wie die »teilnehmende Beobachtung« oder die »dichte Beschreibung«. Sicher sind diese hermeneutischen Verfahren nicht dazu geeignet, die psychopharmakologische Forschungskultur zu »verbessern«, wie es Langlitz sich von den Kulturwissenschaften wünscht. Die bessere methodische Kontrolle der Störvariable Kultur wäre vermutlich ein Verbesserungsbeitrag, aber keiner, der zur »Kulturalisierung der Psychopharmakologie« beitrüge. Er wäre wohl dazu geeignet, die Validität der Daten zu erhöhen und so die »epistemische Tugend der Objektivität« zu fördern. Er würde aber nichts daran ändern, dass das, was in psychopharmakologischen Kontexten gemessen wird, nämlich durch Halluzinogene (und Bildstimuli) induzierte, temporäre »Geist-Hirn-Zustände«, in epistemologischer Hinsicht wenig mit dem zu tun hat, was in den Kulturwissenschaften als »Gefühl« verhandelt wird, auch wenn Gefühlswörter wie »Angst« oder »Liebe« in den Fragebögen auftauchen, mit denen Probanden ihre »Geist-Hirn-Zustände« charakterisieren sollen.

Schlussbemerkung

Ob die Kulturwissenschaften »die Dichotomie von Natur und Kultur verwerfen, in ihrer eigenen Praxis aber kulturalistischen Ansätzen verhaftet bleiben«, mag dahin gestellt bleiben, wenn ich auch glaube, dass weder das eine noch das andere zutrifft. In jedem Fall fällt es mir aus den skizzierten Gründen schwer, zu erkennen, inwiefern die psychopharmakologische Halluzinogenforschung der Ort sein könnte, an dem hinsichtlich der Erkenntnisobjekte »Gefühl« bzw. »Emotion« eine »sinnvolle Debatte zwischen Natur- und Kulturwissenschaften« auf den Weg zu bringen wäre.

Literatur

Alston, William P.: Emotion und Gefühl. In: Kahle 1981, 9-33.

Bieri, Peter (Hg.) (1981): *Analytische Philosophie des Geistes.* Königstein/Ts.: Hain.

Cicourel, Aaron Victor (1970): *Methode und Messung in der Soziologie.* Frankfurt a. M.: Suhrkamp.

Crispin, Wright, Barry C. Smith und Cynthia Macdonald (Hg.) (1998): *Knowing Our Own Minds.* New York: Oxford University Press.

Daston, Lorraine und Peter Galison (2007): *Objektivität.* Frankfurt a. M.: Suhrkamp.

Davitz, Joel R. (1969): *The Language of Emotion.* New York: Academic Press.

Debus, Günter: Psychologie der Gefühlswörter. In: Jäger 1988, 95-138.

Dilthey, Wilhelm (1927): *Der Aufbau der Geschichtlichen Wissenschaften,* Wilhelm Diltheys Gesammelte Schriften, VII. Band. Leipzig/Berlin: Teubner.

Ekman, Paul: Universale emotionale Gesichtsausdrücke. In: Kahle 1981, 177-186.

Euler, Harald A. und Heinz Mandl (Hg.) (1983): *Emotionspsychologie. Ein Handbuch in Schlüsselbegriffen.* München: Urban & Schwarzenberg.

Jäger, Ludwig (2009): Sprach/Kultur – Sprach/Natur. Zur Konfliktgeschichte linguistischer Gegenstandskonstitutionen. In: Anz, Thomas (Hg.): *Natur – Kultur. Zur Anthropologie von Sprache und Literatur.* Beiträge zum Deutschen Germanistentag 2007 von Georg Braungart, Heinrich Detering, Karl Eibl, Michael Hagner, Ludwig Jäger, Peter von Matt und Gerhard Neumann. Paderborn: mentis, 31-53.

Jäger, Ludwig (Hg.) (1988): *Zur historischen Semantik des deutschen Gefühlswortschatzes. Aspekte, Probleme und Beispiele seiner lexikographischen Erfassung.* Aachen: Alano.

Jäger, Ludwig und Sabine Plum (1990): Probleme der lexikographischen Beschreibung von Gefühlswörtern. In: Hausmann, Franz Josef, Oskar Reichmann, Herbert Ernst Wiegand und Ladislav Zgusta (Hg.): *Wörterbücher. Dictionaries. Dictionnaires. Ein internationales Handbuch zur Lexikographie*

– *International Encyclopaedia of Lexicography – Encyclopédie International de Lexicographie*. Berlin: De Gruyter, 849-855.
Gerd Kahle (Hg.) (1981): *Logik des Herzens. Die soziale Dimension der Gefühle*. Frankfurt a. M.: Suhrkamp.
Kemper, Theodore D.: *Auf dem Weg zu einer Theorie der Emotionen: Einige Probleme und Lösungsmöglichkeiten*. In: Kahle 1981, 134-154.
Kenny, Anthony (1963): *Action, Emotion and Will*. London: Henley.
Kluckhohn, Florence: Die Methode der teilnehmenden Beobachtung. In: René König (Hg.) (1972): *Beobachtung und Experiment in der Sozialforschung*, 8. Auflage. Köln: Kiepenheuer & Witsch, 97-114.
Metzinger, Thomas (Hg.) (1996): *Bewußtsein. Beiträge aus der Gegenwartsphilosophie*. Paderborn/München/Wien/Zürich: mentis.
Pitcher, George: Emotionen. In: Kahle 1981, 82-107.
Schütz, Alfred (1962), Collected Papers, Bd. I: *The Problem of Social Reality*, ed. Maurice Natanson. The Haag: Martinus Nijhoff.
Solomon, Robert C.: Emotionen und Anthropologie: Die Logik emotionaler Weltbilder. In: Kahle 1981, 233-253.
Traxel, Werner: Zur Geschichte der Emotionskonzepte. In: Euler/Mandl 1983, 11-18.

BORIS B. QUEDNOW

Tyrannische Neurobiologie und unterdrückte Kultur des psychotropen Erlebens

Nicolas Langlitz' Forderung nach einer Kulturalisierung der Psychopharmakologie folgt einer aktuellen Strömung in den Geistes- und Kulturwissenschaften, welche eine verstärkte Integration von Neuro- und Sozialwissenschaften anstreben (Cromby 2007: 149 f.). So wird in weiteren jüngsten Publikationen beispielsweise eine Kulturalisierung der Biologie von Abhängigkeitserkrankungen (Kushner 2010: 8 ff.) oder die Gründung einer integrativen »Neuroanthropologie« angeregt (Campbell/Garcia 2009; Dias 2010). Die Begründung für eine solche Hochzeit der Disziplinen ist hierbei immer dieselbe: Der Reduktionismus naturwissenschaftlicher Methoden, derer sich die Neurowissenschaften überwiegend bedienen, wird der Komplexität der untersuchten menschlichen Entitäten nicht gerecht, so dass eine holistischere Betrachtungsweise gefordert wird, welche die Geschichte, die Kultur oder die Philosophie eines Objektes oder Konstruktes mit einbezieht. Doch eine Liebesheirat ist es wohl nicht, denn Natur- und Geisteswissenschaften zeichnen sich neben den unterschiedlichen Methoden auch durch große Unterschiede in der Sprache und den zugrunde liegenden Begriffskonzepten aus. So ist die Konnotation des Begriffs Emotion bei Neurowissenschaftlern beispielsweise eine andere als in den Geistes- und Kulturwissenschaften (vgl. Cromby 2007). Diese massiven Unterschiede werden die Integration und das Verständnis zwischen den Fachrichtungen leider noch auf lange Zeit erschweren.

Neu ist die Forderung nach der Erforschung der kulturellen Anteile unseres Verhaltens nicht. Letztlich handelt es sich um eine Variation der klassischen soziobiologischen Debatte, inwieweit unsere interindividuellen Differenzen biologisch-genetischen Ursprungs oder das Resultat von Umwelteinflüssen und (kultureller) Erziehung sind. Diese *Nurture-vs.-Nature*-Debatte hat seit der Entschlüsselung des menschlichen Genoms erneut Fahrt aufgenommen und das nun seit Jahrhunderten hin und her schwingende Pendel schlägt somit momentan eher auf die Seite der Genetik aus (de Geus, Wright, Martin und Boomsma 2001). Nicht zuletzt deshalb sehen sich die Kulturwissenschaften wahrscheinlich momentan gefordert, ihren Anteil an der Erklärung des menschlichen Daseins zurückzuerkämpfen.

Betrachten wir zunächst einmal das von Nicolas Langlitz gebrachte Beispiel der humanen Halluzinogenforschung. Zurückgehend auf die transkulturellen Forschungsarbeiten von Wallace (1959) wurde in diesem Forschungszweig immer wieder die Dualität von »Set« und »Setting« betont, d.h. das innere »Set« wie das äußere »Setting« sollen eine große Rolle bei der Vermittlung subjektiver Halluzinogeneffekte spielen. Trotz dieser über Jahrzehnte zementierten Lehrmeinung gab es bislang jedoch kaum kontrollierte Experimente, die dies erneut untersucht hätten. Eine aktuelle Metaanalyse von Erich Studerus aus dem Labor von Franz X. Vollenweider ergab dabei jüngst, dass die Unterschiede im halluzinogenen Erleben zwischen zwei sehr verschiedenen experimentellen Settings überraschend klein waren (Studerus, Gamma und Vollenweider 2010; Studerus und Vollenweider, persönliche Mitteilung). So zeigte sich, dass Probanden, welche eine mittlere Dosis des Halluzinogens Psilocybin im Positronen-Emmissions-Tomographen (PET) erhalten hatten (n=51), das Erlebnis nur geringfügig und nicht signifikant stärker auf den verschiedenen Dimensionen der *Altered States of Consciousness Rating Scale* (5D-ASC) einstuften, als Probanden, die in ruhigen und angenehm gestalteten Versuchsräumen die gleiche Dosis eingenommen hatten (n=104) (siehe Abbildung 1).

Obwohl ein PET-Scanner für einen Nichtmediziner eher bedrohlich technoid und anxiogen wirken sollte, die Umgebung insgesamt reizärmer ist, die Probanden im PET ausschließlich lagen und aufgrund der Strahlenbelastung weniger intensiv betreut werden konnten, waren die Unterschiede zum extra angenehm gestalteten Versuchsraum mit enger psychologischer Betreuung überraschend gering. Diese Daten unterstützen die Ansicht eines bedeutenden Einflusses des bloßen Settings somit nicht. Befragt man zudem Probanden mit intensiver Halluzinogenerfahrung, so wird immer wieder betont, dass jeder bereits einen *bad trip* erlebt hatte, der in gewohnter Umgebung auftrat und der für die Personen nicht vorherzusehen war.

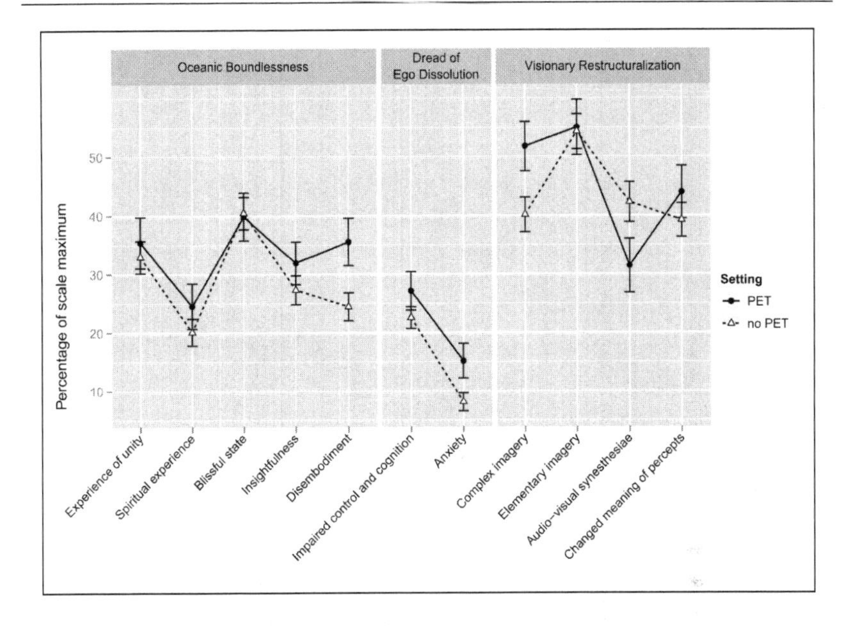

Abb. 1: Subjektive Einschätzung der Halluzinogenwirkung nach 250-260 µg/kg Psilocybin anhand der Altered States of Consciousness Rating Scale (5D-ASC) im Positronen-Emmissions-Tomographen (PET) und in einem herkömmlichen Versuchsraum (no-PET).

Ähnliches erlebten Felix Hasler, Franz X. Vollenweider und ich bei einem Experiment mit gesunden Probanden unter Psilocybin im PET-Scanner. Während die teilnehmenden und weitgehend Halluzinogen- und Scanner-unerfahrenen Studenten der Ingenieurs- und Naturwissenschaften durchwegs angenehme Erfahrungen berichteten, zeigten die einzigen beiden Ärzte, die an der Studie teilnahmen, eine ausgeprägte Angstsymptomatik, obwohl sie das Setting gut kannten und Vorerfahrungen mit Halluzinogenen besaßen. Das besondere Problem bei dieser Art von Forschung ist also, dass der subjektiven Halluzinogenerfahrung immer etwas Unvorhersehbares anhaftet, das – wenn überhaupt – eher durch verschiedene Zustände des inneren Sets als durch eine Veränderung des äußeren Settings erklärt werden kann.[1] Dies bedeutet zum einen, dass die äußeren kulturellen Begebenheiten bei der subjektiven Erfahrung von Substanzeffekten möglicherweise eine weniger bedeutende Rolle spielen als die allerdings ebenso kulturell geprägten und verinnerlichten Erwartungen der Probanden.[2] Doch wie sieht

1 Die traditionelle Betonung des Settings in der Halluzinogenforschung gründet wahrscheinlich darauf, dass sich dieses vermeintlich besser kontrollieren lassen sollte als die inneren Zustände der Versuchspersonen. Unter ethischen Gesichtspunkten war man genötigt, zu demonstrieren, dass man das Auftreten von *bad trips* und damit eine unnötige Belastung der Versuchspersonen unter Kontrolle hätte.

2 Selbstverständlich stehen inneres Set und äußeres Setting in einer ständigen Wechselbeziehung und beeinflussen sich gegenseitig.

es bei psychoaktiven Substanzen aus, die eine weniger starke Wirkung entfalten als Halluzinogene?

Wie sehr hier Erwartungen die Wirksamkeit von Psychopharmaka beeinflussen können, wissen wir aus placebokontrollierten Studien z.B. mit Antidepressiva. Bei 13-52 Prozent der Patienten mit einer Majoren Depression verbessert sich die Symptomatik entscheidend, obwohl sie ein physiologisch unwirksames Präparat erhalten haben (Walsh, Seidman, Sysko und Gould 2002). Aus der Perspektive eines Psychopharmakologen gehen also solche subjektiven Erwartungen in das statistische Grundrauschen ein, welches es an Wirkung zu übertreffen gilt – bedeutet doch ein zu großer kultureller Einfluss auf eine Psychopharmakawirkung immer auch, dass der vermutete neurobiologische Mechanismus dahinter in Frage gestellt werden muss.

Alle Formen der internen wie externen kulturellen Modulation von Pharmakoeffekten stellen also für den Psychopharmakologen eher konfundierende und damit störende Variablen dar, die es zu minieren oder – wenn dies nicht geht – wenigstens zu kontrollieren gilt. Ein zu entwickelndes Medikament sollte daher nach Möglichkeit in allen Kulturen dieselbe Wirkung entfalten und ein psychopharmakologisches Experiment zur Klärung der neurobiologischen Grundlagen unseres Verhaltens sollte weltweit möglichst dieselben Ergebnisse erbringen. Stark wirksame Substanzen entfalten ihre Wirkung somit auch unabhängig von (oder trotz) der Kultur. Man könnte jedoch im Gegenzug ebenso annehmen, dass mit abnehmender Intensität des pharmazeutischen Stimulus der Einfluss der Kultur auch wieder größer wird.

Doch wie lassen sich ethnische Unterschiede in der Substanzwirkung erklären, auch wenn es sich bei der Substanz um ein hochwirksames Agens handelt? Betrachten wir ein klassisches Beispiel: Viele Individuen aus asiatischen Kulturen reagieren auf die gleiche Menge Alkohol erheblich stärker als der durchschnittliche Mitteleuropäer. Sie tun dies allerdings nicht aus kulturellen Unterschieden, sondern weil sie durch eine hier häufigere Genvariante weniger Alkoholdehydrogenase bilden, welche für den enzymatischen Abbau des Alkohols mitverantwortlich ist. Nun läge der Schluss nahe, das sich in diesen Kulturen ein anderer Umgang mit Alkohol herausgebildet hatte, weil die Menschen in diesem Teil der Welt eine andere biologische Basis aufweisen. Die Kultur wäre also der Natur gefolgt. Ähnliches könnte auch auf die von Wallace gefundenen Unterschiede in Bezug auf den Peyote-Rausch zutreffen. Meskalin, als Hauptwirkstoff des Peyote-Kaktus, ist ein starker und sehr selektiver Agonist an Serotonin-2A-Rezeptoren (Nichols 2004). Demnach könnten spezifische Genvarianten dieses Rezeptors mit dafür verantwortlich sein,[3] dass indigene Völker einen Peyote-Rausch anders erleben als Mitteleuropäer. Dies wäre eine einfache pharmakogenetische Erklärung für diese verbreiteten ethnischen Unterschiede in den Reaktionen auf physiologisch wirksame Substanzen (Urban 2010). Wobei noch zu

3 Es existiert eine ganze Reihe von funktionellen Polymorphismen des Serotonin-2A-Rezeptors, die in verschiedenen ethnischen Gruppen unterschiedlich oft auftreten und zudem eine veränderliche Sensibilität für pharmazeutische Einflüsse aufweisen.

klären wäre, welche Unterschiede hier überhaupt bestehen, ob sie nur quantitativ oder auch qualitativ sind. Natürlich formt die Kultur die Inhalte und Bilder des Halluzinogen-induzierten Rausches, doch ist dies nicht notwendigerweise mit unterschiedlichen neurobiologischen Substraten verbunden.

Wie die Kultur Inhalte, aber nicht die eigentliche Form veränderter Bewusstseinszustände modulieren kann, zeigt auch die Studie von Pfaff, Quednow, Brüne und Juckel (2008). Diese Untersuchung verglich das Auftreten religiöser Wahninhalte bei Patienten mit Schizophrenie in der DDR (Ost-Berlin) und der BRD (Regensburg) im Zeitraum von 1980 bis 1985. Erwartungsgemäß offenbarten die in der säkularisierten DDR aufgewachsenen Patienten weniger religiöse Inhalte als die aus dem katholisch geprägten Regensburg stammenden Patienten. Dennoch war die Häufigkeit von Wahnsymptomen insgesamt an beiden Orten gleich. Ost-Berliner Patienten zeigten jedoch mehr nicht-christliche Wahninhalte als ihre Leidensgenossen in Regensburg.

Doch wie ließe sich der Einfluss der Kultur auf psychotrope Wirkungen dennoch erforschen? Kann man einfache Versuchsbedingungen, wie verschiedene Räumlichkeiten oder unterschiedliches Verhalten der Versuchsleiter experimentell noch gut manipulieren, wird dies bei kulturellen Hintergründen schon problematischer. Da es weder praktikabel noch ethisch vertretbar erscheint, Menschen gleicher ethnischer Herkunft nur zum Zwecke eines Experimentes in unterschiedlichen Kulturen aufwachsen zu lassen, wären nur Feldexperimente und quasi-experimentelle Versuchsdesigns anwendbar, die im Gegensatz zum Experiment keinen Schluss auf Kausalzusammenhänge mehr erlauben.[4]

Zudem dürfte es schwierig sein, zusammen auftretende kulturelle und genetische Einflüsse voneinander zu trennen, da diese eng miteinander interagieren sollten. Erschwerenderweise fehlt eine einfache und allgemeingültige Definition dessen, was Kultur repräsentiert, genauso wie die entsprechenden Methoden kulturelle Einflüsse von anderen kultur-unabhängigen Vorerfahrungen zu trennen. Wie kommen wir zudem an kulturell »reine« Versuchspersonen? Eine russische Mutter, ein spanischer Vater, eine Kindheit in London und zehn Jahre Arbeitsaufenthalt in Kanada formen eine individuelle und nicht mehr zu dekomponierende Kultur des Individuums. Ist die Kulturalisierung der Psychopharmakologie auch ein interessantes Gedankenexperiment, so schein die praktische Durchführung vorerst schwierig und der wissenschaftliche Nutzen sowohl für die Psychopharmakologie als auch für die Kulturwissenschaften doch im Verhältnis zum Aufwand eher begrenzt.

Literatur

Campbell, Benjamin C. und Justin R. Garcia (2009): Neuroanthropology: Evolution and Emotional Embodiment. In: *Frontiers in Evolutionary Neuroscience* 1, 4.

4 Dies gilt im Übrigen auch für die Studie von Pfaff et al. (2008).

Cromby, John (2007): Integrating Social Science with Neuroscience: Potentials and Problems. In: *BioSocieties* 2, 149-169.

de Geus, Eco J. C., Margaret J. Wright, Nicholas G. Martin und Dorret I Boomsma (2001): Genetics of Brain Function and Cognition. In: *Behavior Genetics* 31, 489-495.

Dias, Alavaro M. (2010): The Foundations of Neuroanthropology. In: *Frontiers in Evolutionary Neuroscience* 2, 5.

Kushner, Howard I. (2010): Toward a Cultural Biology of Addiction. In: *Bio Societies* 5, 8-24.

Nichols, David E. (2004): Hallucinogens. In: *Pharmacology & Therapeutics* 101, 131-181.

Pfaff, Michael, Boris B. Quednow, Martin Brüne und Georg Juckel (2008): Schizophrenie und Religiosität – Eine Vergleichsstudie zur Zeit der innerdeutschen Teilung. In: *Psychiatrische Praxis* 35, 240-246.

Studerus, Erich, Alex Gamma und Franz X. Vollenweider (2010): Psychometric Evaluation of the Altered States of Consciousness Rating Scale (OAV). In: *PLoS ONE*, im Erscheinen.

Urban, Thomas J. (2010): Race, ethnicity, ancestry, and pharmacogenetics. In: *The Mount Sinai Journal of Medicine* 77, 133-139.

Wallace, Anthony F. (1959): Cultural determinants of response to hallucinatory experince. In: *Archives of General Psychiatry* 1, 58-69.

Walsh, B. Timoth, Stuart N. Seidman, Robyn Sysko und Madelyn Gould (2002): Placebo response in studies of major depression: variable, substantial, and growing. In: *JAMA: the journal of the American Medical Association* 287, 1840-1847.

Abbildungsnachweis

Abb 1: Subjektive Einschätzung der Halluzinogenwirkung nach 250-260 µg/kg Psilocybin anhand der Altered States of Consciousness Rating Scale (5D-ASC) im Positronen-Emmissions-Tomographen (PET, n=51) und in einem herkömmlichen Versuchsraum (no-PET, n=104) (Mittelwerte und Standardfehler) (Studerus und Vollenweider, unpublizierte Daten).

NICOLAS LANGLITZ

Kultivierte Neurochemie. Replik

Zunächst möchte ich klarstellen, dass es mir nicht um eine Rückkehr zur holistischen Anthropologie der 1950er Jahre in Form von Wallaces kulturkontrollierten Studien geht. Mein Debattenbeitrag ist, wie Quednow pejorativ, aber richtig sagt, ein Gedankenexperiment. Mich interessiert, welche Konsequenzen es für die Kultur- und Naturwissenschaften hätte, wenn man die Rede von hybriden Ontologien im Sinne Latours (1998) und Haraways (1995) und von biopsychosozialen

Modellen in der Psychiatrie in forschungspraktischer Hinsicht zu Ende denken würde. Wallaces Arbeit dient lediglich als Testballon. Sie erinnert an eine vergangene Ära, in der die Anthropologie Natur- und Kulturwissenschaft zugleich war. Ich habe Wallaces Vorschlag kulturkontrollierter Studien stark zu machen versucht, weil er heute beide Seiten aus der Reserve zu locken vermag. Bedenkenswert sind die kulturkontrollierten Studien meiner Ansicht nach nicht primär als vielversprechender Forschungsansatz, sondern weil sie anregen, am Beispiel des Umgangs mit Gefühlen in der Neuropsychopharmakologie darüber nachzudenken, wie unsere Forschungspraktiken den überkommenen Dualismus von Natur und Kultur hinter sich lassen könnten, ohne zu den aus guten Gründen verabschiedeten Ansätzen der 1950er Jahre zurückzukehren.

- Was mich von meinem guten Freund und psychopharmakologischen Informanten Boris Quednow trennt, ist nicht, dass ich ihm sein Forschungsfeld, vermeintlich die Natur, streitig machen wollte, indem ich Teile davon zu Kultur erklären und für die Kulturwissenschaften zurückerobern wollte. Vielmehr bin ich überzeugt, dass die seiner Wahrnehmung zugrunde liegende dualistische Ontologie von Natur und Kultur anthropologisch irreführend ist, selbst oder gerade wenn der Mensch als *homo cerebralis* verstanden wird. Die Idee, dass es bei der Erforschung des Humanen darum ginge, den jeweiligen Anteil von *nature* und *nurture* auszumachen, ist eine Erblast aus dem 19. Jahrhundert. Inzwischen ist diese Dichotomie in die Krise geraten – nicht zuletzt weil wir unsere »Natur« immer weniger als auferlegtes Schicksal und immer mehr als Raum »kultureller«, etwa biotechnologischer oder psychopharmakologischer Interventionen verstehen.
- Der Fall der Halluzinogene zeigt, dass nicht nur die Effekte schwach wirkender Psychopharmaka kulturell und situativ geformt werden. Wer die mitunter überwältigenden Wirkungen von LSD oder Psilocybin schon einmal am eigenen Leib erfahren hat, wird sicher nicht auf den Gedanken kommen, dass es sich auch um Zuckerpillen gehandelt haben könnte. Und dennoch ist die pharmakologische Aktivität dieser Substanzen deutlich unterdeterminiert. Wenn sich die Hinweise erhärten sollten, dass das äußere Setting dabei eine geringere Rolle spielt als das innere Set, würde das tatsächlich ein zentrales Dogma des psychedelischen Diskurses erschüttern (wobei man sich fragen darf, ob der Vergleich zweier Laborsituationen dazu schon ausreicht). Es ändert aber nichts daran, dass das hohe Maß an interindividueller Variabilität auch mit nicht-pharmakologischen Faktoren wie – in Quednows eigener Studie – der disziplinären Identität der Probanden in Zusammenhang steht. Bei diesem Phänomen geht es nicht darum, dass ein schwacher pharmazeutischer Stimulus je nach kultureller Prägung verschieden interpretiert wird, sondern darum, dass derselbe starke Stimulus ganz unterschiedliche biologische – oder vielmehr: biokulturelle – Effekte hervorzubringen vermag.
- Aufgrund seiner klinischen Erfahrungen mit Antidepressiva bezweifelt der Psychiater Malek Bajbouj, dass sich die Kontextabhängigkeit der Halluzinogeneffekte verallgemeinern lässt. Dieser Zweifel ist legitim. Bajbouj und

Quednow haben vermutlich recht, dass die Effekte verschiedener Psychopharmaka unterschiedlich plastisch sind. Dass $5\text{-}HT_{2A}$-Agonisten wie Psilocybin oder LSD die einzige Substanzklasse sein sollten, deren Wirkungen vom Kontext der Einnahme mitbestimmt wird, scheint mir jedoch wenig plausibel (und wäre gegebenenfalls erklärungsbedürftig). Ob Alkohol wach und euphorisch oder müde und selbstmitleidig macht, hängt wohl auch damit zusammen, ob es in geselliger Runde etwas zu feiern gibt oder ob man alleine seinen Kummer herunterspült. Opiate machen eher abhängig, wenn sie der Flucht aus sozialem Elend dienen, als wenn sie in der Schmerztherapie verabreicht werden (Lindesmith 1968). Und selbst ein und demselben Antidepressivum werden beinahe konträre Wirkungen zugeschrieben: Prozac wirkt stimmungsaufhellend und ermöglicht eine weniger feindselige Haltung anderen Menschen gegenüber (Knutson et al. 1998). Es wird aber auch diskutiert, ob es nicht ein erhöhtes Suizidrisiko mit sich bringt und aggressive Impulse freizusetzen vermag (Healy/Whitaker 2003).

- Im Gegensatz zu Quednow sehe ich durchaus einen wissenschaftlichen Nutzen darin, neben pharmakogenetischen (und epigenetischen!) Faktoren auch die kontextuelle Formbarkeit psychotroper Wirkungen zu untersuchen. Obwohl viele Arzneien einmal als »Penicillin für die Seele« angepriesen worden sind, ist es der Psychopharmakologie nie gelungen, *magic bullets* hervorzubringen, mit denen geistige Störungen ebenso zielsicher behandelt werden könnten wie Infektionskrankheiten mit Antibiotika. Quednow erinnert in diesem Zusammenhang an die wichtige Rolle von Placeboeffekten in der psychiatrischen Klinik. Unter Placeboeffekt versteht man Wirkungen nach Einnahme einer Substanz, die nicht von der Substanz selbst, sondern von den Überzeugungen und Erwartungen bezüglich des eingenommenen Mittels hervorgebracht werden. In den 1970er Jahren wurde nachgewiesen, dass diese ungeschriebenen kulturellen Skripte auch biologisch aktiv sind: So wirkt ein als Schmerzmittel eingenommenes Placebopräparat analgetisch, weil es eine Ausschüttung körpereigener Opiate hervorruft (Levine et al. 1978). Auch die Wirkungen pharmakologisch aktiver Substanzen können eine Placebokomponente beinhalten, welche deren neurochemische Effekte neurochemisch modulieren dürfte. Nur wird diese biokulturelle Qualität von Psychopharmaka durch placebokontrollierte randomisierte Studien unsichtbar gemacht und kann deshalb auch nicht gezielt therapeutisch genutzt werden.
- Ludwig Jägers Behauptung, dass auch Wallaces kulturkontrollierte Studien einer solchen Beseitigung der »Störvariable Kultur« dienten, beruht jedoch rein logisch betrachtet auf einem Denkfehler. »Kontrolle« wird hier ausgeübt, indem zwei »kulturelle Determinanten« miteinander verglichen werden – z.B. unterschiedliche Erwartungen von Probanden. Hier von einer Eliminierung von Kultur zu sprechen, macht ungefähr soviel Sinn wie kulturvergleichende Studien einer solchen Eliminierung zu bezichtigen. Kultur wird so vielmehr als mit Natur interagierender und dennoch separater Bereich epistemisch konstruiert.

- Natürlich setzt diese Operationalisierung von Kultur in Form isolierter kultureller Determinanten die Aufgabe bestimmter Kulturbegriffe voraus (etwa die nicht minder reduktionistische Vorstellung, Kultur sei ein hermeneutisch zu erschließender Text). Eine solche Faktorisierung liegt auch den meisten von Bajbouj genannten psychiatrischen Ansätzen zur Erforschung biopsychosozialer Krankheitsmodelle zugrunde. Meine eigenen Vorbehalte gegenüber diesen Herangehensweisen beziehen sich auch, aber nicht in erster Linie darauf, dass hier ein filigranes kulturspezifisches Bedeutungsgewebe in recht krude universalistische Kategorien zerschnitten wird. Denn selbst wenn man dieses Vorgehen als zu experimentellen Zwecken unumgänglich akzeptiert, bleibt fraglich, ob sich die interessierenden Aspekte isolieren und kontrollieren lassen, da sie auf komplexe Weise miteinander interagieren. Vor dem Hintergrund hybrider Ontologien stellt sich das Problem der Komplexität sowohl für Natur- als auch für Kulturwissenschaftler auf neue Weise.
- Was humanexperimentelle Psychopharmakologie und Anthropologie betrifft, so ringen beide mit dem Problem, dass der Beobachter aktiv an der beobachteten Situation teilnimmt und sie dadurch verändert. Beispielsweise indem der Forscher mit der Testperson spricht und sie gegebenenfalls beruhigt. Solche einfühlenden Interventionen stehen – *pace* Jäger – sicherlich nicht im Dienste der Objektivität, da sie mit ihr ganz und gar unvereinbar sind. Und dennoch sind sie ebenso Teil wissenschaftlicher Praxis wie die zweifellos auf Objektivität abzielenden neurophysiologischen Messungen und randomisierten placebokontrollierten Studien. Was wir von Daston und Galison (2007) lernen können ist, dass Wissenschaft von mehr »epistemischen Tugenden« geprägt wird als von Objektivität allein. Für die beschriebene Forschungspraxis ist die Subjektivität der Probanden und Wissenschaftler konstitutiv, was von Letzteren auch gar nicht in Abrede gestellt wird. Es ist vielleicht bezeichnend, dass nicht Quednow, sondern Jäger darauf beharrt, Naturwissenschaft auf Objektivität zu reduzieren.
- In Anbetracht der beobachteten Laborarbeit ließe sich also mit Latour (1998) argumentieren, dass auch die neuropsychopharmakologische Halluzinogenforschung nie modern gewesen ist. Wieder einmal zeigt sich, dass die »Reinigungsarbeit« der modernen Wissenschaft, einschließlich des Versuchs, Subjektivität von Objektivität und Natur von Kultur zu trennen, in Wahrheit nie gelungen ist und immer neue Hybride hervorbringt. Doch auf der Ebene des Versuchsdesigns und der resultierenden Publikationen scheint mir Jägers Einwand durchaus berechtigt: Ja, hier findet Reinigungsarbeit statt. Sowohl placebokontrollierte als auch kulturkontrollierte Studien sind ohne jeden Zweifel moderne Praktiken, in denen pharmakologische Wirkung und kulturelle Determinanten ontologisch auseinander dividiert werden sollen. Aber gerade deshalb stellt sich die Frage: Wie sähe eine alternative »amoderne« Forschungspraxis aus, die sich die Lehren der Akteur-Netzwerk-Theorie (Latour 2007) zu Herzen nähme und auf eine vielleicht vergebliche, deshalb aber noch lange nicht konsequenzlose, Reinigungsarbeit verzichtete?

Literatur

Haraway, Donna (1995): *Die Neuerfindung der Natur. Primaten, Cyborgs und Frauen*. Frankfurt a. M.: Campus.

Healy, David und Chris Whitaker (2003): Antidepressants and Suicide: Risk-benefit Conundrums. In: *Journal of Psychiatry and Neuroscience* 28, 340-347.

Knutson, Brian, Owen M. Wolkowitz, Steve W. Cole et al. (1998): Selective Alteration of Personality and Social Behavior by Serotonergic Intervention. In: *American Journal of Psychiatry* 155, 373-379.

Latour, Bruno (1998): *Wir sind nie modern gewesen. Versuch einer symmetrischen Anthropologie*. Frankfurt a. M.: Fischer.

Latour, Bruno (2007): *Eine neue Soziologie für eine neue Gesellschaft. Einführung in die Akteur-Netzwerk-Theorie*. Frankfurt a. M.: Suhrkamp.

Levine, John D., Newton C. Gordon und Howard Fields (1978): The Mechanism of Placebo Analgesia. In: *Lancet* 312, 654–657.

Lindesmith, Alfred (1968): *Addiction and Opiates*. Chicago: Aldine Publishing.

Die Autorinnen und Autoren

ANGERER, MARIE-LUISE ist Professorin für Medien- und Kulturwissenschaften an der Kunsthochschule für Medien Köln, Peter-Welter-Platz 2, D-50676 Köln, e-mail: angerer@khm.de. Forschungsschwerpunkte: Medientechnologien und feministische Theorie, Körpertheorien, Wissenskonfigurationen und künstlerische Praxen, Fragen des Lebens und der humanen und posthumanen Zukunftsphantasmen.

ASSMANN, JAN ist em. Professor für Ägyptologie an der Universität Heidelberg und Hon. Professor für Kulturwissenschaft und Religionstheorie an der Universität Konstanz, e-mail: jan@assmanns.de. Forschungsschwerpunkte: ägyptische Religion und Literatur in theoretischer und vergleichender Perspektive, Kulturtheorie (bes. das »kulturelle Gedächtnis«), allgemeine Religionswissenschaft (Polytheismus und Monotheismus) sowie die Rezeption Ägyptens in der europäischen Geistesgeschichte.

BAJBOUJ, MALEK ist Psychiater, Psychotherapeut und Neurowissenschaftler und hat an der Charité in Berlin sowie am interdisziplinären Exzellenzcluster »Languages of Emotion« eine Professor für Psychiatrie und affektive Neurowissenschaften inne, Freie Universität Berlin, Cluster of Excellence »Languages of Emotion«, Habelschwerdter Allee 45, D-14195 Berlin, e-mail: malek.bajbouj@fu-berlin.de.

GEROK-REITER, ANNETTE ist Professorin für Ältere deutsche Literatur und Sprache an der Freien Universität Berlin, Fachbereich Philosophie und Geisteswissenschaften, Institut für Deutsche und Niederländische Philologie, Habelschwerdter Allee 45, D-14195 Berlin, e-mail: a.gerok-reiter@fu-berlin.de, und seit 2008 Mitglied des Exzellenzclusters »Languages of Emotion«. Forschungsschwerpunkte: Historische Anthropologie; Historische Emotionsforschung; Wissensordnungen; Literaturtheorie und Poetologie (Roman, Minnesang).

JÄGER, LUDWIG ist Inhaber des Lehrstuhls für Deutsche Philologie an der RWTH Aachen, Eilfschornsteinstraße 15, D-52062 Aachen, e-mail: l.jaeger@germanistik.rwth-aachen.de. Forschungsschwerpunkte: Medientheorie, Zeichentheorie, Fachgeschichte, Theoriegeschichte der Sprachwissenschaft, Gebärdensprachen.

HAMMER-TUGENDHAT, DANIELA ist Professorin für Kunstgeschichte an der Universität für angewandte Kunst Wien, Oskar-Kokoschkaplatz 2, A-1010 Wien, e-mail: daniela@hammer-tugendhat.net. Forschungsschwerpunkte: Malerei der Frühen Neuzeit, Kunstgeschichte als Kulturwissenschaft, Geschlechterbeziehungen in der Kunst.

LANGLITZ, NICOLAS ist Assistenzprofessor für Anthropologie am Department of Anthropology, New School for Social Research, 6 East 16th Street, room 925, New York, NY 10003, USA, e-mail: LanglitN@newschool.edu. Zurzeit arbeitet er an einem Buch über die Renaissance der Halluzinogenforschung seit der »Dekade des Gehirns« sowie an einem Projekt über Neurophilosophie und Traumforschung. Weitere Informationen: www.nicolaslanglitz.de.

LUTTER, CHRISTINA ist Professorin für österreichische Geschichte an der Universität Wien, Dr. Karl Lueger-Ring 1, A-1010 Wien, e-mail: christina.lutter@univie.ac.at. Forschungsschwerpunkte: Kultur- und Geschlechtergeschichte des Mittelalters und der Frühen Neuzeit; Quellenkunde und Wissenschaftstheorie; Kulturwissenschaften/Cultural Studies.

QUEDNOW, BORIS B. ist Assistenzprofessor an der Psychiatrischen Universitätsklinik Zürich, Lenggstrasse 31, CH-8032 Zürich, e-mail: quednow@bli.uzh.ch, und Leiter der Arbeitsgruppe zur Experimentellen und Klinischen Pharmakopsychologie. Forschungsschwerpunkte: neuropsychopharmakologische Folgen illegalen Drogenkonsums und kognitive Störungen bei psychiatrischen Erkrankungen mit einem Schwerpunkt auf Schizophrenie.

SYKORA, KATHARINA ist Professorin für Kunstgeschichte des 19. und 20. Jahrhunderts an der Hochschule für Bildende Künste Braunschweig, Fichtestraße 24, D-10967 Berlin, e-mail: katharina.sykora@dada-net.de. Forschungsschwerpunkte: Malerei, Fotografie und Film im medialen Vergleich; Konstruktionen von Männlichkeit und Weiblichkeit in den visuellen Künsten.

VERHEYEN, NINA arbeitete bis Sommer 2010 im Forschungsbereich Geschichte der Gefühle am Max-Planck-Institut für Bildungsforschung, Berlin. Ab Herbst 2010 ist sie am Institut für Geschichte der Universität Wien tätig, Dr. Karl Lueger-Ring 1, A-1010 Wien, e-mail: nina.verheyen@univie.ac.at. Forschungsschwerpunkte: Familien- und Geschlechter- sowie Kommunikations- und Mediengeschichte. Im Herbst 2010 erscheint ihre Dissertation »Diskussionslust. Eine Kulturgeschichte des ›besseren Arguments‹ in Westdeutschland«.